RADIKAL
REGIONAL

Jens Riehle (Hg.)

rbb

BESSER ESSEN!

RADIKAL REGIONAL

IN BERLIN UND BRANDENBURG

zibb

edition q im
be.bra verlag

Bibliografische Information der Deutschen Nationalbibliothek
Die Deutsche Nationalbibliothek verzeichnet diese Publikation
in der Deutschen Nationalbibliografie; detaillierte bibliografische
Daten sind im Internet über http://dnb.d-nb.de abrufbar.

KulturBrauerei Haus 2
Schönhauser Allee 37, 10435 Berlin
post@bebraverlag.de
Texte: Antje Pfeiffer und Birgit Wolske
Lektorat: Marijke Topp, Berlin
Umschlag: Sascha Moser, Berlin
Satz: typegerecht, Berlin
Schrift: Milo Serif
Druck und Bindung: Finidr, Český Těšín
ISBN 978-3-86124-710-4

www.bebraverlag.de

LIEBE LESERINNEN und Leser,

sechs Jahre unseres gesamten Lebens verbringen wir mit der wohl wichtigsten Beschäftigung überhaupt: dem Essen. In einem Durchschnittsleben von 75 Jahren verzehren wir über 6 Tonnen Brot, 15 Tonnen Obst und Gemüse, 5 Tonnen Kartoffeln und Reis, 15.000 Eier, 4.000 Fische, 300 Hühner, 75 Gänse, 8 Schweine, 4 Kälber, 4 Schafe, 3 Rinder sowie 4 Tonnen Zucker und 500 Kilogramm Salz.

Diese Nahrung ist der Treibstoff unseres Lebens. Und noch bis vor wenigen Jahrzehnten ging es für die meisten Menschen darum, ob und woher sie überhaupt genug zu essen bekommen. Heute aber fragen sich immer mehr Menschen: Bekomme ich auch wirklich gute, gesunde und nachhaltig produzierte Lebensmittel?

In dieser Frage schwingt ein großes Misstrauen mit. Verursacht durch wiederkehrende Nachrichten zu Lebensmittelskandalen, durch schreckliche Fernsehbilder über Massentierhaltung und durch Enthüllungen zu genmanipuliertem Mais und Soja. Globale Konzerne bestimmen in wachsendem Maße, wie und was wir essen. Für uns als Verbraucher wird es dabei immer schwieriger, die Herkunft unserer Nahrungsmittel nachzuvollziehen und deren Qualität realistisch einzuschätzen.

Auf der Suche nach Vertrauen und in dem Wunsch nach einer nachhaltigen Produktion von Lebensmitteln zeigt sich seit einigen Jahren immer deutlicher ein Trend: Zurück zu kurzen, nachvollziehbaren Wegen zwischen Lebensmittelproduzenten und Verbrauchern. Das Qualitätssiegel »Bio« reicht vielen schon lange nicht mehr. Inzwischen gilt: REGIO ist das neue Bio!

Gerade in unserer Region Berlin-Brandenburg, wo sich Stadt und Land begegnen, wo Moderne auf Tradition trifft, wo Bodenständigkeit und Weltläufigkeit spannende Symbiosen eingehen, boomt das Thema »regionale Lebensmittel« gewaltig. Immer mehr bäuerliche Betriebe in Brandenburg setzen voll und ganz auf die nachhaltige Produktion und den regionalen Absatz. Immer häufiger spielen dabei alte, teilweise vergessene Obst- und Gemüsesorten und Tierrassen wieder eine wichtige Rolle. Und immer mehr Küchenchefs heben in ihren Restaurants ausschließlich regionale Produkte auf ihre Speisekarten.

Als Regionalsender für Berlin und Brandenburg haben wir diesen Trend bereits in mehreren Filmen und Sendungen aufgegriffen. Doch schon länger beschäftigte mich der Gedanke, diesem spannenden Thema deutlich mehr journalistische Aufmerksamkeit zu widmen. Daraus ist eine monatliche Serie in unserem Fernsehmagazin *zibb – Zuhause in Berlin und Brandenburg* entstanden.

RADIKAL REGIONAL!

Unter diesem markigen Titel haben sich meine Kolleginnen Birgit Wolske und Antje Pfeiffer ein Jahr lang auf die Suche nach Menschen begeben, die mit viel Engagement und Leidenschaft hier in Berlin und Brandenburg Lebensmittel nachhaltig herstellen und verantwortungsbewusst verarbeiten. Sie haben junge Bio-Bauern begleitet und mutige Küchenchefs getroffen, die nur noch direkt beim Bauern ihres Vertrauens einkaufen. Sie haben Profiköche beim Wiederentdecken alter Rezepte beobachtet, neue Koch-Trends aufgespürt und unsere zibb-Zuschauer nach ihren regionalen Lieblingsrezepten befragt.

Herausgekommen ist ein Berlin-Brandenburg-Kochbuch der besonderen Art: Zum einen außergewöhnliche radikal-regionale Rezepte von Spitzenköchen in Kombination mit den besten regionalen Familienrezepten unserer zibb-Hobbyköche.

Daneben stellen wir Ihnen Menschen mit ihren Ideen und Projekten vor, die sich dem Motto »Radikal regional« mit aller Kraft und Leidenschaft widmen. Mutige Bauern, engagierte Gastronomen, kreative Köche. Und Sie erfahren allerlei Wissenswertes über die Geschichte und die Entstehung vieler regionaler Lebensmittel.

Dieses Buch, liebe Leserinnen und Leser, ist so etwas wie die Essenz des guten Essens in Berlin und Brandenburg. Getreu dem Motto: »Du bist, was Du isst«, wünsche ich Ihnen, dass Sie nach der Lektüre dieses Buches noch überzeugtere Berliner und Brandenburger sind.

Viel Spaß beim Lesen und Nachkochen wünscht Ihnen

Ihr

Jens Riehle, Redaktionsleiter zibb

zibb
EMPFEHLUNG:
BESSER ESSEN!
RADIKAL
REGIONAL
UND BRANDENBURG

zibb

JANUAR

11
Rote-Bete-Suppe

12
Gebackener Karpfen

15
Berliner Luft mit Himbeersauce

16
Karin Steinmeyer
Mühle Steinmeyer

19
Andreas Rieger
einsunternull

21
Ernährung der Zukunft
Landwirtschaft in der Stadt

zibb

Rote-Bete-SUPPE

Die Rote Bete, ein klassisches Wintergemüse, ist eine echte Powerknolle für die kalte Jahreszeit, die nur so strotzt vor Vitaminen, Mineralien und wertvollen Pflanzenstoffen. Ihre tiefrote Farbe verleiht ihr das Betanin, es gibt sie aber auch, seltener, in einer farblosen und einer gelben Variante. Auch ihre Blätter können gekocht gegessen werden und enthalten ebenfalls viele Vitamine und Mineralien.

ZUBEREITUNG

- Zwiebeln hacken. Rote Bete schälen und grob würfeln. Kartoffeln waschen, schälen und würfeln. Butter in einem Topf erhitzen, Zwiebeln, Rote Bete und Kartoffeln darin bei mittlerer Hitze ca. 5 Min. andünsten.
- Gemüsebrühe angießen und aufkochen, bei mittlerer Hitze ca. 20 Min. kochen.
- Mit dem Pürierstab fein pürieren und mit Salz und Pfeffer würzen.
- Saure Sahne dazugeben und erneut aufkochen.
- Zum Garnieren 1 Teelöffel Sahnemeerrettich und Petersilie verwenden.

Für 4 Personen:

- 3 Schalotten
- 30 g Butter
- 200 g Kartoffeln
- 400 g Rote Bete
- 1 l Gemüsebrühe
- Salz und Pfeffer
- 100 ml Saure Sahne
- Petersilie und Sahnemeerrettich zum Garnieren

Suppe

GEBACKENER Karpfen

Karpfen landen schon seit der Antike auf europäischen Tellern. Am wohlsten fühlt sich der Karpfen in flachem Süßwasser, weswegen er bereits seit vielen Jahrhunderten meist aus Zuchtteichen stammt. In Brandenburg gibt es einige Seen, an denen Karpfen selbst geangelt werden können und dürfen, denn der Wildbestand ist mittlerweile bedroht.

ZUBEREITUNG

- Den Karpfen ausnehmen, mit viel Salz bestreuen und damit die Schleimschicht abreiben. Die großen Schuppen entfernen.
- Den Fisch unter fließendem Wasser gründlich abspülen, trocken tupfen und von innen salzen.
- Auf ein Backblech 1 Tasse stellen und den Karpfen darauf setzen. Nun unterhalb der Mittelgräte im Abstand von 4 cm den Karpfen an beiden Seiten schräg einschneiden. Salzen und Butterscheiben in die Einschnitte stecken. Alles kühlstellen.
- Gemüse putzen, in Stücke schneiden und um den Fisch herum verteilen und wieder kühl stellen.
- Kurz bevor der Fisch in den Backofen kommt, das Gemüse mit Salz und Pfeffer würzen.
- Den Karpfen im vorgeheizten Backofen bei 200 Grad ca. 45 Min. garen. Zwischendurch mit der Sauce übergießen und das Gemüse wenden.

Für 4 Personen:

- ca. 3 kg Karpfen
- 250 g Butter
- 2 Suppengrün
- 1 Staudensellerie
- 1 Fenchelknolle
- 3 Zitronen
- 1 Bund Petersilie

Fisch

zibb

zibb

Berliner Luft mit HIMBEERSAUCE

Saskia Sanchez erzählt im zibb-Kochclub die Geschichte zu ihrer Lieblingsspeise. Als sie zum ersten Mal in Berlin eingeladen war, meinte der Gastgeber, zum Nachtisch gebe es Berliner Luft. Sie dachte, sie gingen nachher noch spazieren. Doch es kam anders. Eine luftig-leichte Creme stand später auf dem Tisch. Die Berliner Luft findet sich übrigens bereits in einem Kochbuch von 1897.

ZUBEREITUNG

- Die Gelatine in kaltem Wasser einweichen.
- Eigelbe mit Zucker, Vanillezucker und Zitronensaft 5 Min. lang mit dem Handrührgerät zu einer Creme aufschlagen.
- Den Wein erwärmen, vom Herd nehmen und die Gelatine unterrühren, anschließend in die Eicreme einrühren und ca. 15 Min. kaltstellen.
- Eiweiße mit einer Prise Salz steif schlagen und vorsichtig unter die Ei-Weincreme heben. In 4 Gläser abfüllen und ca. 1 Stunde kaltstellen.
- In der Zwischenzeit die Himbeeren mit 2 EL Zucker und evtl. 1–2 EL Wasser aufkochen und bei geringer Hitze ca. 5 Min. weiterköcheln lassen.
- Himbeeren pürieren und durch ein Sieb streichen, Sauce abkühlen lassen.
- Vor dem Servieren die Berliner Luft mit der Himbeersauce und den frischen Himbeeren dekorieren.

Für 4 Personen:

- 2 Blatt Gelatine
- 2 Eier
- 50 g Zucker + 2 EL
- 1 Päckchen Vanillezucker
- 1 EL Zitronensaft
- 50 ml Weißwein
- Prise Salz
- 200 g TK Himbeeren
- frische Himbeeren zur Dekoration

süß

KARIN STEINMEYER

Mühle Steinmeyer

Wie ein Wirbelwind fegt Karin Steinmeyer durch ihre Mühle in Luckenwalde. Läuft das Mahlwerk richtig, ist die Körnung der Schrote fein genug und ist das Mehl für den Kunden rechtzeitig gewogen und abgepackt? Die Müllermeisterin ist fast immer überall, um ihren Betrieb am Laufen zu halten. Die Haare sind mit einem bunten Schal gebändigt und an Jacke und Nasenspitze haftet helles Mehl. Denn immer wieder nimmt Karin Steinmeyer eine Probe aus dem Mahlwerk, riecht daran und fühlt. Ein sinnlicher Beruf, den sie liebt. Auch wenn er meistens richtig stressig ist. Doch die Mühle ist seit mehr als 80 Jahren in Familienbesitz und Karin Steinmeyer will diese Tradition weiterführen. Schließlich gibt es in ganz Brandenburg kaum noch handwerklich betriebene Getreide-Mühlen. Ob ihre Tochter einmal die Mühle übernehmen wird, ist noch unsicher.

Ein aussterbendes Handwerk, denn mit großen Konzernen können die kleinen, lokalen Mühlen nicht mithalten. Zumindest was den Preis angeht. Dafür ist das Mehl – das verspricht Karin Steinmeyer – von bester Qualität, denn nur bestes Getreide wird verarbeitet. Vor allem Weizen und Roggen. Und der wächst überwiegend auf den Feldern in der Nachbarschaft, in der Region Nuthe-Nieplitz. Zudem werden immer nur kleine Mengen verarbeitet. So steht das Mehl nicht lange herum, Vitalstoffe und Aromen gehen nicht verloren.

Einen Teil der Schrote und Mehle verkauft die Müllerin im kleinen Laden direkt an der Mühle. Aber das Luckenwalder Mehl liefert sie auch an Berliner Restaurants, wie das EinsunterNull. Manchmal, wenn es die Zeit zulässt, kommt Ivo Ebert, der Geschäftsführer des Restaurants, selbst nach Luckenwalde, um Nachschub zu holen. Denn auf das knusprige Brot, das sie daraus backen, sind die Gäste in Berlin ganz wild. Im kleinen Mühlenladen gibt es außerdem selbst zusammengestellte Backmischungen, Kekse, Müslis oder Nudeln. Und wer richtig eintauchen möchte in das Handwerk und die Abläufe in der Mühle, kann an einer Führung mit der Müllermeisterin teilnehmen oder die Mühle an den Tagen der Offenen Höfe in der Nuthe-Nieplitz-Region besuchen.

Mühle Steinmeyer
Ruhlsdorfer Chaussee 26, 14943 Luckenwalde
Telefon (03371) 61 07 70
info@muehle-steinmeyer.de

Öffnungszeiten: Mo–Fr 9–17 Uhr

Das Mehl aus der Mühle Steinmeyer gibt es u. a. auch hier: RegioLaden in Potsdam-Babelsberg, Jakobs-Hof in Beelitz, Oberhavel Bauernmarkt in Oranienburg

Kartoffel-Brotmischung
Roggen-Dinkel-Saatenbrot
Pilz-Kräuter-Brotmischung
Shiitake-Dinkel-Roggenbrot
MÜHLE STEINMEYER
Pizza-Rosmarin Brotmischung
MÜHLE STEINMEYER
Rustikal-Brotmischung
MÜHLE STEINMEYER
Bruschetta-Brotmischung
MÜHLE STEINMEYER
Kartoffel-Brotmischung

ANDREAS RIEGER

einsunternull

Hauchdünn gehobelt sind die frischen Champignons, gebettet auf einer Creme aus Brot und bestreut mit würzigen, in Salz eingelegten Bärlauchblüten. Die hat Küchenchef Andreas Rieger im Frühjahr gesammelt. Zig solcher Gläser mit Eingelegtem und fermentiertem Obst und Gemüse lagern im Keller des Restaurants einsunternull in Berlin-Mitte. Fast wie früher, bei seiner Großmutter. Doch heute, betont Andreas Rieger, kochen sie die Früchte nicht »tot« und versuchen, durch schonende Verfahren mit weniger Zucker und Wasser so viele Vitamine wie möglich zu erhalten.

Der Vorratskeller ist nur ein Beispiel dafür, wie achtsam im Restaurant einsunternull mit Lebensmitteln gearbeitet wird. Sorgfältig haben Geschäftsführer Ivo Ebert und sein Küchenchef ein Netzwerk an Produzenten aufgebaut, mit denen sie enge Kontakte pflegen. Zu wissen, wer die Lebensmittel herstellt, die sie verarbeiten, ist oberstes Prinzip. So kommt der Saibling von einem Fischer an der Müritz, das Gemüse von der »Wilden Gärtnerei« bei Bernau und das Mehl für das hauseigene Brot aus Luckenwalde. Äpfel werden im Spätsommer auf einer Streuobstwiese in Brandenburg selbst geerntet und zu Saft verarbeitet.

In seiner Küche geht Andreas Rieger auf Forschungsreise: Wie können alt bekannte Zutaten neu interpretiert werden, welche Zubereitungsart fördert neue Aromen und Geschmackserlebnisse zu Tage. Der Name einsunternull steht für das kulinarische Konzept: »Inspiration entsteht niemals allein in der Küche. Wir finden sie dort, wo die Wenigsten sie suchen würden. Dort, wo alles zu wachsen beginnt. Auf den Feldern und Wiesen, in den Wäldern unserer Region, am Wegesrand oder eins unter null – unter der Erde.«

Mittags bietet das Restaurant ein Dreigang-Menü, abends Fine Dining mit zehn Gängen. Eine klassische Gliederung in Vor-, Haupt- und Nachspeise gibt es nicht. Das Menü ist eine Gesamtkomposition, bei der jeder Gang einen neuen Ton hinzufügt. Von den Michelin-Testern gab es dafür 2016 den ersten Stern.

Restaurant einsunternull
Hannoversche Straße 1, 10115 Berlin
Telefon (030) 27 57 78 10
kontakt@einsunternull.com
Öffnungszeiten:
Lunch: Di–Sa 12–14 Uhr
Dinner: Mo–Sa ab 19 Uhr

ERNÄHRUNG DER ZUKUNFT

Landwirtschaft in der Stadt

Während es früher durchaus üblich war, Obst und Gemüse in Städten anzubauen und sogar Vieh zu halten, um den eigenen Bedarf zu decken, hat sich das heute grundlegend geändert. Mensch und Lebensmittel haben bis zum Verzehr so gut wie nichts mehr miteinander zu tun. Diese Distanz und das fehlende Wissen über die Zusammenhänge der Nahrungsmittelproduktion sind es, die zunehmend dazu führen, dass sich Verbraucher wieder mehr für Herkunft und Qualität ihres Essens interessieren. Der Trend geht zu einer nachvollziehbaren, lokalen und ökologischen Produktion und die ist auch in Städten möglich. Natürlich kommen Großstädte nicht ohne Lebensmittel aus dem ländlichen Raum aus, trotzdem ist die urbane Landwirtschaft in den letzten Jahren zur Erfolgsgeschichte geworden und das in einer ganz eigenen Vielfältigkeit: vom Gemeinschaftsgarten bis zur Hightech-Aquaponik-Anlage, vom Dachgarten bis zum Mietbeet.

Auf den unterschiedlichsten Flächen entsteht eine neue Gärtnerkultur, die jedwede Möglichkeit nutzt, die Nischen in der Stadt mit grünem, gesundem Leben zu füllen. Dabei nehmen Urban Farming und Urban Gardening gleich mehrere Funktionen ein. Es werden lokale Lebensmittel produziert, die quasi direkt beim Verbraucher landen. Außerdem erfüllen die Nutzgärten soziale, gesundheitliche und pädagogische Aufgaben. Die hier entstehende Biodiversität sorgt für ein besseres Stadtklima und für Lebensräume, in denen sich nicht nur der Mensch, sondern auch Flora und Fauna wohlfühlen können. In Gemeinschaftsgärten wie den Prinzessinnengärten oder dem Allmende-Kontor trifft man sich mit Gleichgesinnten. Hier geht es neben dem Anbau von Obst und Gemüse auch um die Gemeinschaft. Es gibt auch die Möglichkeit, Mietbeete zu bestellen. Der Bauerngarten zum Beispiel bietet an drei Standorten in der Hauptstadt Parzellen unterschiedlicher Größe an. Auch wirtschaftlich ausgerichtete Unternehmen produzieren Lebensmittel in der Stadt für Kunden, die regional einkaufen möchten, ohne selbst aktiv zu werden. Seit 2017 züchtet die Stadtfarm in Lichtenberg Wels und baut Gemüse an.

Eine Besonderheit stellt die solidarische Landwirtschaft dar. Hierbei schließt sich eine Gruppe von Konsumenten zusammen, die dem verbundenen Bauern verbindlich die Ernte abnimmt, so wie bei der Initiative Sterngartenodyssee in Berlin.

Prinzessinnengärten
www.prinzessinnengarten.net

Allmende Kontor
www.allmende-kontor.de

Bauerngarten
www.bauerngarten.net

Stadtfarm Berlin
www.stadtfarm.de

Initiative Sterngartenodyssee
www.sterngartenodyssee.de

zibb

zibb

FEBRUAR

24
Winterliches klares Süppchen

26
Märkischer Tafelspitz

29
Crèpes mit Apfelkompott und Holunderblütenschaum

32
Gebackene Eisbeinpraline

31
Matthias Buchholz
Buchholz Gutshof Britz

35
Jens Winter
Hakenberger Fleisch GmbH

37
Keimzelle
Auf das Saatgut kommt es an

Winterliches KLARES SÜPPCHEN

Lange war die Schwarzwurzel fast verbannt aus der Küche, denn sie zu schälen, ist keine schöne Arbeit. Dabei verbirgt sich unter der schwarzen Schale ein wohlschmeckendes Wurzelgemüse mit kräftigem Aroma, das viele Nährstoffe enthält. Zeit also, die Schwarzwurzel wieder zu entdecken.

ZUBEREITUNG

- Die Schwarzwurzeln ungeschält in etwa 1,5 l Wasser 8 Min. köcheln lassen. Die Morcheln 15 Min. wässern.
- In der Zwischenzeit die Brühe (oder den Sud von der Hauptspeise) die geschälten und in dünne Scheibchen geschnittenen Möhren und die Tiefkühlerbsen geben, etwa 10 Min köcheln lassen.
- Die Schwarzwurzeln entnehmen. Das Wasser nicht weiter verwenden. Jetzt lässt sich sehr leicht die Schale mit einem Messer herunterkratzen und verfärbt auch nicht mehr die Hände. Die Schwarzwurzeln in 1 cm lange Stücke und die aufgequollenen Morcheln in dünne Scheiben schneiden. Beides samt dem Morchel-Wasser in die Suppe geben.
- Die Knoblauchzehe, die kleine Zwiebel und den Ingwer ungeschält in einem Teeei in die Suppe hängen.
- Aus der mit Salz und Pfeffer gewürzten Hackmasse kleine Klößchen formen und ebenfalls in die Suppe geben. Alles jetzt noch einmal auf mittlerer Hitze 15 Min. köcheln lassen.
- Das Teeei entfernen, die Suppe abschmecken und mit geschnittener Blattpetersilie und Dill garnieren. Dazu eine Scheibe frisches Brot reichen.

Tipp

Durch das Teeei wird eine Eintrübung der Suppe verhindert und das Stück Ingwer entfaltet eine feine Schärfe.
Sollte die Suppe zu salzig sein, kann eine Scheibe Weißbrot (kein Toastbrot) für 5 Min. in die nicht kochende Suppe gelegt werden, sie entzieht der Suppe wieder Salz. Danach erneut abschmecken.

Suppe

Für 4 Personen:

- 1,5 l geklärter Sud von der Tafelspitzzubereitung (Hauptspeise) bzw. 1,5 Liter Gemüse- oder Fleischbrühe
- 500 g frische Schwarzwurzeln
- 200 g Tiefkühlerbsen
- 200 g Möhren
- 400 g Gehacktes vom Sattelschwein
- 10 g getrocknete Morcheln
- 1 Knoblauchzehe
- 1 kleines Stück Ingwer (ca. 1 cm × 2 cm)
- 1 kleine Zwiebel
- Salz/Pfeffer zum Würzen
- etwas Blattpetersilie und Dill zum Garnieren

MÄRKISCHER Tafelspitz

Tafelspitz ist zwar ein Klassiker der österreichischen Küche, aber natürlich lässt sich das Gericht auch mit regionalen Zutaten zubereiten. Dafür wird ein besonders zartes Stück Rindfleisch aus dem Schwanz verwendet, das in einer Brühe aus Markknochen, Rindersuppenfleisch und Suppengrün gekocht wird.

ZUBEREITUNG

- Vorarbeiten

Kartoffeln als Pellkartoffeln mit etwas Kümmel kochen, Dauer je nach Größe, ca. 15–20 Min., abgießen, abschrecken, auskühlen und schälen. Aus Markknochen vom Rind und Rindersuppenfleisch sowie Suppengrün, der Zwiebel und den Gewürzen zwei Stunden lang eine Rinderbrühe kochen. Über Nacht ziehen lassen. Am Kochtag erneut erhitzen und abgießen. Suppenfleisch auslösen und entfetten.

- Tafelspitz

Den Tafelspitz in der Brühe bei kleiner Hitze je nach Fleischqualität ca. 2–3 Stunden kochen.

- Meerrettichsauce

Die Butter in einem möglichst flachen Topf zerlassen und das Mehl mit einem Schneebesen unterrühren. Wenn sich die Masse leicht gefärbt hat, Fleischbrühe vom Tafelspitz unterrühren und alles unter zeitweiligem Rühren 5–8 Min. köcheln lassen. Wird die Sauce zu dick, Fleischbrühe nachgießen und unterrühren. Dann die Schlagsahne unter ständigem Rühren dazugeben und mit Salz, Pfeffer, Meerrettich und einem Schuss Zitrone abschmecken. Die Sauce zur Seite stellen.

- Watteklöße

Die geschälten Pellkartoffeln durch eine Kartoffelpresse drücken. Kartoffelmehl, Salz und weißen Pfeffer dazugeben und mit der kochenden Milch übergießen. Zunächst alles mit einem Holzlöffel vermengen und dann mit den Händen einen festen Teig kneten. Das Weißbrot würfeln und in Butter goldbraun anbraten. In einem ausreichend großen Topf leicht gesalzenes Wasser zum Kochen bringen. Die Weißbrotwürfel zu der Kloßmasse geben und mit bemehlten Händen Klöße formen. Die Klöße in Mehl wälzen, ins leicht sprudelnde Wasser geben und 20 Min. ziehen lassen (keinesfalls kochen, dann zerfallen sie!). Die Klöße immer wieder mit einem Holzlöffel vorsichtig bewegen, damit sie nicht am Boden festkleben und leicht schweben. Die Klöße mit einer Schaumkelle entnehmen und abtropfen lassen. In einer vorgewärmten Schüssel servieren.

- Den Tafelspitz vor dem Servieren in Scheiben schneiden, auf einer flachen Platte mit etwas Brühe übergießen und mit frischer Petersilie garnieren.

Fleisch

Für 4 Personen:

Tafelspitz und Rinderbrühe
- 1,5 kg Rindfleisch (Tafelspitz, Rinderschwanzstück, dreieckiger Hüftdeckel)
- einige Markknochen
- Suppengrün
- große Zwiebel halbiert und ohne Fett angebraten
- 3–4 Lorbeerblätter
- 4–6 Pimentkörner
- eine Beinscheibe oder Suppenfleisch
- Petersilie
- Salz

Sauce
- 40 g gute Butter
- 30 g Mehl
- mindestens ½ Liter Fleischbrühe vom Tafelspitz
- 150 g Schlagsahne
- Meerrettich frisch gerieben oder aus dem Glas (unbedingt Spreewald)
- Salz und Pfeffer aus der Mühle
- Zitronensaft nach Geschmack

Watteklöße
- 1 kg brandenburgische Landkartoffeln vom Bauern ohne Keimstopp
- Salz, Kümmel
- 200 g Kartoffelmehl
- weißer Pfeffer
- ¼ l Milch
- Weißbrot vom Landbäcker
- Butter
- Mehl zum Bestäuben

Crèpes mit APFELKOMPOTT UND HOLUNDERBLÜTENSCHAUM

Wer Apfelkompott hört, denkt vielleicht an früher. An den sämigen, durchpassierten Brei, den es bei Oma mit Vanillesauce oder zu Milchreis gab. Bei Andreas' Variante wird der Apfel in kleine Stücke geschnitten und nur kurz gedünstet, sodass er bissfest bleibt. Und auch die Vitamine und Mineralstoffe, die im Apfel stecken, werden zumindest nicht ganz zerstört. So kommt auch im Februar regionales Obst auf den Tisch.

ZUBEREITUNG

- Aus Mehl, Milch, Vanillezucker, Eiern, Salz und dem Zitronen-Abrieb einen geschmeidigen Teig herstellen. Den Teig ruhen lassen.
- In der Zwischenzeit die Äpfel in kleine Stücke schneiden, Butter in einer Pfanne schmelzen und die Apfelstücke darin andünsten. Etwas Zucker, die Zimtstange und die ausgekratzte Vanille dazugeben und alles weiter dünsten. Mit dem Saft der Orange und dem Weißwein ablöschen und auf kleiner Flamme köcheln lassen.
- Gelatine einweichen. Die weiche Gelatine mit 100 ml Wasser und 40 ml Holunderblütensirup in einen Sahnesyphon geben und alles gut schütteln, damit die Masse schaumig wird.
- Die Crèpes in einer Pfanne mit Butter backen. Mit Apfelkompott und Holunderblütenschaum anrichten.

süß

Für 4 Personen:

Crèpes

- 250 g Mehl
- 500 ml Milch
- eine Prise Salz
- Vanillezucker
- 4 brandenburgische Eier
- Abrieb einer Bio-Zitrone
- 50 g Butter

Apfelkompott

- 2 Äpfel
- 1 Orange
- 1 Zimtstange
- Zucker und 1 Vanilleschote
- ca. 6 cl Weißwein

Holunderblütenschaum

- 100 ml Wasser
- 40 ml Holunderblütensirup
- 3 Blatt Gelatine

MATTHIAS BUCHHOLZ

Buchholz Gutshof Britz

Dreifacher Berliner Meisterkoch, einen Michelin-Stern, 18 Gault-Millau-Punkte und diverse andere Auszeichnung hat Matthias Buchholz im Laufe seines Berufslebens gesammelt. 2010 entschloss er sich, die Tretmühle der Gourmetküche zu verlassen und eröffnete im August 2011 sein neues Restaurant. Das Buchholz Gutshof Britz ist zentral gelegen und doch mitten im Grünen mit gemütlicher Stube und bei schönem Wetter mit Garten.

Seinen Anspruch an gute Küche hat er damit keineswegs abgelegt, aber sie kommt gradlinig daher. »Keine karierten Maiglöckchen und kein Teller-Ikebana«, so lautet das Credo. Genießen, ohne vorher lange Erklärungen zu bekommen, was sich auf dem Teller befindet.

Angeboten wird saisonale Küche, die Karte wechselt ständig. Soweit es möglich ist, greift Buchholz dafür auf regionale Lieferanten zurück. Kräuter und Salat liefert der hauseigene Garten, Fleisch kommt möglichst aus Brandenburg. In den letzten Jahren ist die Nachfrage nach regionalen Produkten aber immens gestiegen. So kann es auch mal passieren, dass von einem Gericht nur 20 Portionen serviert werden können.

Inspiration für neue Gerichte holt sich Buchholz auf Märkten, Reisen und beim Stöbern in seiner Kochbuchsammlung, die über 1.200 Bände umfasst – sortiert nach Häufigkeit der Nutzung und wenn das Regal voll ist, wird angebaut. Ganz pragmatisch, so wie die Gerichte, die Buchholz anbietet.

Fleisch, Fisch und Gemüse sind die Hauptkomponenten, mit denen er am liebsten kocht. Man soll Messer und Gabel in die Hand nehmen, drauf los essen und sich an Mutters Küche erinnert fühlen. Aber mit leichter Hand zubereitet, dem Buchholz'schen Überraschungseffekt versehen und mit Charakter. Hausgemachter Kuchen und ein wechselndes Menü, welches es auch in einer vegetarischen Variante gibt, runden das Angebot ab.

Buchholz Gutshof Britz
Alt-Britz 81, 12359 Berlin

Telefon: (030) 600 346 07
info@matthias-buchholz.de

Öffnungszeiten
Do–Mo 12–21 Uhr

Gebackene EISBEINPRALINE

ZUBEREITUNG

- Das Eisbein zwei bis drei Stunden in einem Sud mit Wacholder und Lorbeer kochen, bis es sich vom Knochen löst.
- Währenddessen die Schalotten und Apfelstücke in der Butter andünsten. Nun das Sauerkraut zugeben und mit dem Weißwein, Apfelsaft und etwas Wasser ablöschen. Etwa 20 Min. köcheln lassen, nun die Gewürze zugeben, abschmecken und weiter köcheln lassen, bis es weich ist. Zum Schluss mit einer rohen, fein geriebenen Kartoffel oder Mondamin abbinden.
- Für das Erbspüree die Erbsen blanchieren und in kaltem Wasser abschrecken. Die Sahne mit der
- Butter und den Gewürzen einmal aufkochen und kräftig abschmecken. Dann die Erbsen mit der lauwarmen Sahne fein pürieren. Das Ganze zum Schluss mit Salz, Zucker und Muskat abschmecken.
- Die geschälten Kartoffeln in Salzwasser weich kochen. In der Zwischenzeit ein Gemisch aus Sahne, Milch, Butter und den Gewürzen herstellen, einmal aufkochen. Die Kartoffeln durch die Presse drücken, dann so viel von dem heißen Sahne-Milch-Gemisch zugeben, bis ein cremiges Püree entsteht.
- Für die Senfsauce Schalotten und Senfkörner in Butter anschwitzen. Mit Apfelsaft, Eisbeinfond und Weißwein ablöschen und ca. ⅓ reduzieren lassen. Sahne aufgießen und ca. 30 Min. köcheln lassen. Anschließend mit Senf, Salz und Pfeffer abschmecken.
- Zuletzt das Fleisch zerkleinern und vom Fett trennen. Kochringe einfetten, Sauerkraut, Erbspüree und Fleisch darin schichten, und oben drauf einen Deckel aus Kartoffelpüree setzen. Das Ganze bei 110 Grad für 15–18 Min. in den Ofen geben. Mit der Senfsauce servieren.

Für 4 Personen:

Eisbein
- 1 Eisbein
- Lorbeer, Wacholder

Sauerkraut
- 500 g Sauerkraut
- 2 Schalotten, klein geschnitten
- 1 Apfel, klein geschnitten
- Butter
- 1 Lorbeerblatt, 2 Nelken, 5 Wacholderbeeren
- 100 ml Weißwein
- 100 ml Apfelsaft
- Wasser
- Salz, Pfeffer, Zucker, Muskat

Erbsenpüree
- 500 g Erbsen (tiefgefroren)
- 50 g Butter
- 100 g Sahne
- Salz, Zucker, Muskat

Kartoffelpüree
- 600 g mehlig kochende Kartoffeln
- 100 g Sahne
- 100 g Milch
- 30 g Butter
- Salz, Muskat

Senfsauce
- 1 Teelöffel Senfkörner, über Nacht in Apfelsaft oder Wasser eingeweicht
- 2 Schalotten fein gewürfelt
- 50 g Butter
- 100 ml Apfelsaft
- 50 ml Weißwein
- 100 ml Eisbeinfond
- 350 g Sahne
- Scharfer Senf

Rezept Matthias Buchholz, Buchholz Gutshof Britz

HOFLADEN

JENS WINTER

Hakenberger Fleisch GmbH, Linumer Wiesenkalb

Neugierig kommt die Herde heran, als Jens Winter sich dem Zaun nähert. Die Rinder stehen auf einer Weide bei Linum im Landkreis Ostprignitz-Ruppin. Es ist kalt, ein frischer Wind weht über die Felder und Wolken jagen am Himmel. Dunkel- und hellbraun ist das Fell der Rinder, die sich jetzt um das Heu sammeln, das auf der Weide liegt. Denn jetzt, im Februar, gibt es auch hier im Rhinluch kaum frisches Gras zu fressen. Die ehemalige Niedermoorlandschaft ist heute geprägt von weitläufigen Feldern und Rückzugsort für Sumpf- und Wasservögel. Weite Teile stehen unter Naturschutz.

Jens Winter, der die Rinder züchtet, erklärt: »Das Linumer Wiesenkalb ist ein Färsenkalb, das aus Limousin-, Gelbviehrindern oder einer Kreuzung daraus gezogen wird.« Dicht bei den Mutterkühen stehen die Kälber und versuchen, das Euter zu erwischen und zu trinken.

Milch, später dann Gras und Wildkräuter – das ist die einzige Nahrung, die das Linumer Wiesenkalb frisst. Sieben Monate lebt es in der freien Natur, auf den Weiden rund um das Storchendorf, es bewegt sich viel und so wird das Fleisch besonders zart, rosa und aromatisch.

Nach sieben Monaten kommen die Kälber in den nahe gelegenen Schlachtbetrieb in Hakenberg. So weit es geht soll das ohne Stress für das Tier ablaufen, erklärt Jens Winter. Verkauft wird das Fleisch an Berliner Gastronomiebetriebe. Aber auch im eigenen Hofladen wird Fleisch vom Hakenberger Havellandrind, dem Linumer Wiesenkalb und dem Ruppiner Weidelamm angeboten.

Verkauft wird alles von der Beinscheibe bis zur Schwanzspitze, denn ein Anliegen der Rinderzüchter ist es, das Tier vollständig zu verwerten und Köche und Kunden für die Stücke zu interessieren, die gerne vergessen werden. Inzwischen kommen auch viele Berliner raus nach Hakenberg, um direkt im Hofladen das rosige Kalbfleisch mit dem besonderen Geschmack zu kaufen. Im Sommer lässt sich der Einkauf mit einer Radtour auf dem Rhinluch-Radweg verbinden, der von Hennigsdorf nach Neuruppin führt.

Hofladen & Schlachtung
Hakenberger Fleisch GmbH
Fehrbelliner Straße 3 a, 16833 Hakenberg

Hofladen Öffnungszeiten
Do 10–15 Uhr, Fr 10–17 Uhr, Sa 10–12 Uhr

KEIMZELLE

Auf das Saatgut kommt es an

Wer im Frühjahr mit dem Anbau von eigenem Gemüse, Kräutern oder Blumen beginnen möchte, sollte sich spätestens im Februar mit dem richtigen Saatgut auseinandersetzen. Doch hier hat der Käufer die Qual der Wahl. Die wohl wichtigste Entscheidung in Sachen Saatgut muss zwischen samenfesten Sorten und Hybridsorten getroffen werden.

Samenfeste Sorten sind über viele Jahre hinweg durch Kreuzungen und Auslese gezüchtet worden. Diese Form der Züchtung geht auf die Ursprünge der Landwirtschaft zurück, die es dem Menschen überhaupt erst ermöglicht hat, sesshaft zu werden. Samenfeste Sorten bilden also Saatgut, das auch in den Folgejahren Pflanzen mit den gleichen Eigenschaften hervorbringt und deshalb besonders nachhaltig ist.

Beim Hybridsaatgut, auch F1-Hybride genannt, handelt es sich um eine erzwungene Selbstbefruchtung. Hier werden Pflanzen der gleichen Linie durch Inzucht miteinander gekreuzt, um Eigenschaften wie Widerstandsfähigkeit, Ernteertrag oder Schädlingsresistenzen zu erzielen. Die daraus entstehenden Ernten sind oft besser als bei samenfesten Sorten. Das Problem besteht allerdings darin, dass diese Eigenschaften in aller Regel nur im ersten Jahr zu finden sind. Aus dieser F1-Generation können keine Samen für die Folgejahre gewonnen werden, da sich der sogenannte Heterosiseffekt in der nächsten Erbfolge verflüchtigt. Große Saatgutkonzerne profitieren davon, weil nur sie auf die Pflanzeneltern Zugriff haben und deshalb jedes Jahr erneut vom Verkauf profitieren können. Außerdem kontrollieren die Konzerne damit die Sortenvielfalt und bestimmen die Preise für Saatgut.

Hybride sind nicht schädlich. Der vermehrte Einsatz hat jedoch zur Folge, dass weltweit kultivierte Nutzpflanzen verdrängt werden und damit die genetische Vielfalt schrumpft. Welches Saatgut also auf unseren Feldern und in unseren Gärten wächst, liegt damit zunehmend in den Händen von ein paar wenigen profitorientierten Konzernen. Tatsächlich ist es heute schon etwas aufwändiger, im Handel samenfeste Sorten zu bekommen und sogar im Öko-Anbau werden Hybride verwendet, insbesondere dann, wenn es keine traditionellen Samen mehr gibt. Um diesen Kreislauf zu durchbrechen, hat sich der Demeter-Verband dazu entschieden, vollständig auf den Einsatz von Hybridsamen zu verzichten und stattdessen auf die Weiterentwicklung samenfester Sorten zu setzen. Bundesweit sind außerdem Initiativen entstanden, die sich für den Erhalt traditioneller Kulturpflanzen einsetzen, in Brandenburg z. B. der Verein VERN e. V. Hier können Verbraucher auch für den Eigenbedarf samenfeste Sorten bestellen.

Verein zur Erhaltung und Rekultivierung von Nutzpflanzen in Brandenburg e.V. (VERN)
www.vern.de

zibb

41
Kohvioli mit Pesto

42
Lammcarré mit Kräuterkruste

45
Rhabarber mit Knusperkruste

46
Blutwurst-Schoko-Bällchen

47
Andreas Moser
Kantine Kohlmann

49
Marcus Benser
Blutwurstmanufaktur

51
Ein Kraut für alle Fälle

Für 4 Portionen (ca. 20 Stück):

Kohvioli
- 2–3 mittelgroße Kohlrabi
- 100 g Cashewkerne
- 4 getrocknete Tomaten
- 1 TL Harissa (behutsam dosieren, da sehr intensiv!)
- ½ TL geräuchertes Paprikapulver (optional normales Paprikapulver edelsüß)
- ½ EL Hefeflocken
- Sprossen und klein geschnittene braune Champignons zum Dekorieren
- Salz

Pesto
- 1 Bund frische Kräuter (z. B. Basilikum, Petersilie, Kerbel, Bärlauch)
- 30 g Pinienkerne
- 1 Knoblauchzehe
- Salz
- Olivenöl

Spinatsalat
- pro Person eine Handvoll Babyspinat
- 3 EL kalt gepresstes Olivenöl
- Saft einer halben Zitrone
- Salz
- Pfeffer
- ½ TL Agavendicksaft

Kohvioli
MIT PESTO

Roh und vegan – lange galt das als eine lust- und genussfeindliche Kombination. Das hat sich längst geändert und auch die Kohvioli von Ernährungsberaterin Sonja Guse sind nicht nur gesund, sondern auch extrem lecker. Frischer Kohlrabi punktet mit Mineralstoffen und Vitaminen, die Cashewkerne in der Füllung sind mit viel Eiweiß und Magnesium perfekte Nervennahrung und gelten mit ihrem hohen Tryptophan-Gehalt als »Glücklichmacher«. Dazu Spinat und Sprossen – fertig ist ein echter Energiekick.

ZUBEREITUNG

- Zubereitungszeit: ca. 30 Min., 12 Stunden Einweichzeit
- Cashewkerne über Nacht in Wasser einweichen.
- Für das Pesto die Kräuter waschen, trocken schütteln und grob hacken. Pinienkerne in einer Pfanne ohne Fett anrösten. Knoblauchzehe schälen, grob hacken. Alle Zutaten mit etwas Olivenöl in ein hohes Gefäß geben und mit dem Stabmixer pürieren. Dabei das restliche Olivenöl in einem dünnen Strahl dazu geben, die Konsistenz sollte breiig-flüssig sein.
- Kohlrabi schälen und mit einem Hobel in sehr dünne Scheiben schneiden. Wasser in einem Topf aufkochen, von der Kochstelle nehmen und die Kohlrabischeiben darin 10 Min. ziehen lassen. Kohlrabischeiben auf Küchenpapier abtropfen lassen. Sind die Scheiben sehr dünn geschnitten und bist der Kohlrabi nicht holzig, kann man sich diesen Arbeitsschritt sparen.
- Die Cashewkerne abgießen, abspülen und in ein hohes Gefäß geben. Die Tomaten grob hacken und mit den Gewürzen zu den Cashewkernen geben. Mit einem Stabmixer oder in einem Standmixer zu einer cremigen Masse verarbeiten und noch einmal abschmecken.
- Jeweils einen halben TL der Creme auf die Hälfte der Kohlrabischeiben geben, mit einer Scheibe bedecken und den Rand andrücken.
- Die Zutaten für die Vinaigrette gut verrühren und den Spinat kurz darin wenden. Auf den Tellern verteilen, Kohvioli darauf anrichten, etwas Pesto darauf geben und mit frischen Sprossen und/oder gehackten frischen Champignons servieren.

vegan

LAMMCARRÉ mit Kräuterkruste

Zart und saftig ist dieser feine Braten, der gerne zu Ostern serviert wird. Dafür sollte das Lammcarré am Stück zubereitet werden. Das Fleisch hat Kristina über den Online-Shop »Homemade« aus dem kleinen Örtchen Karstedtshof in Brandenburg bestellt, der sich auf den Vertrieb regionaler Lebensmittel spezialisiert hat. Dahinter steht ein Familienbetrieb, der ein Netzwerk zu Produzenten geknüpft hat, denen artgerechte Haltung und Aufzucht von Nutztieren sowie der respektvolle Umgang mit Rohstoffen am Herzen liegt.

ZUBEREITUNG

- Das Carré waschen und trocken tupfen. Auf der Fettseite salzen und pfeffern. Öl in einer Pfanne erhitzen und den gewürfelten Speck dazugeben. Das Carré hinzugeben und kräftig anbraten, bis es goldbraun ist. Das Carré aus der Pfanne heben, ohne das Fleisch anzustechen, und auf einem Gitterrost ablegen. Den Speck aus der Pfanne nehmen und den Bratensatz mit dem Lammfonds ablöschen. Einköcheln lassen. Den Rost auf die Pfanne stellen, sodass der Fleischsaft in den Jus tropfen kann. Das Fleisch abkühlen lassen.
- Die Butter mit den feingehackten Kräutern mischen, salzen, pfeffern und mit einem Spritzer Zitronensaft abschmecken.
- Nun das abgekühlte Carré mit der Kräuterbutter bestreichen (etwas für die Sauce zurück halten). Eine Fettpfanne mit frischen Thymianzweigen auslegen und das Carré darauf betten.
- Für 20–25 Min. bei 220 Grad im Ofen garen, dann ist es in der Mitte noch rosa. 15 Min. bei ausgeschalteter Temperatur ruhen lassen.
- Den Saucenfond mit der restlichen Kräuterbutter vermischen und abschmecken. Je nach Geschmack kann der Speck in der Sauce bleiben, aber Achtung, das kann leicht versalzen!
- Die Prinzessbohnen geputzt und gewaschen, tropfnass mit etwas Butter in einem flachen Topf oder einer Pfanne 15–20 Min. dünsten. Mit Bohnenkraut und Pfeffer würzen, Deckel fest geschlossen halten.
- 1 gewürfelte Zwiebel in Butter mit einem TL Zucker glasig dünsten. Die fein in schräge Scheiben geschnittenen Möhren, 2 EL Wasser, Salz und Pfeffer dazugeben und mit geschlossenem Deckel ebenfalls 15–20 Min. dünsten. Falls nötig, etwas Wasser nachgeben.
- Kartoffeln kochen und pellen, anschließend kurz in etwas Butter in der Pfanne goldbraun anrösten.

Fleisch

Für 4 Personen:

- Lammcarré, 8 Rippen
- 150 g Räucherspeck
- Rapsöl zum Anbraten
- 500 ml Lammfonds
- 1 Bund frischer Thymian für die Pfanne

Kräuterbutter
- 200 g Butter (zimmerwarm)
- 2 El Petersilie, gehackt
- 1 Tl Salbei, gehackt
- 2 Tl Basilikum, gehackt
- 2 Tl Rosmarin, gehackt
- 2 Knoblauchzehen, zerdrückt
- Zitronensaft

alternativ
- 2 El Petersilie, gehackt
- 2 Tl Estragon, gehackt
- 2 Tl Kerbel, gehackt

Beilagen
- 500 g Prinzessbohnen
- 1 EL Butter
- 1 El Bohnenkraut
- Pfeffer
- 500 g Möhren
- 1 Zwiebel
- 1 EL Butter
- 1TL Zucker
- 2 EL Wasser
- Salz, Pfeffer
- 1 kg Kartoffeln
- Butter nach Belieben zum Anbraten

Rhabarber mit KNUSPERKRUSTE

Obwohl Rhabarber fruchtig-sauer schmeckt und wie Obst zubereitet wird, ist er ein Gemüse. Er enthält sehr wenige Kalorien, dafür aber viel Oxalsäure, die in größeren Mengen sogar gesundheitsschädlich ist. Deshalb sollte Rhabarber geschält und nicht roh gegessen werden, denn Hitze zerstört die Oxalsäure. Je später Sie das Gemüse im Garten ernten, umso mehr dieser Säure enthalten die Stangen. Frischen Rhabarber erkennen Sie daran, dass die Stangen fest und die Schnittstellen noch feucht sind.

ZUBEREITUNG

- Rhabarber waschen, mit Küchenpapier trocknen, schälen und in 1 cm dicke Scheiben schneiden. Leicht zuckern und etwas stehen lassen, damit er Wasser zieht.
- Für die Streusel Früchtemüsli, Zucker, Mandeln, Korinthen, Mehl, das Mark der Vanilleschote und eine Prise Salz mischen. Butter schmelzen und unter Rühren mit den Knethaken des Handrührers langsam in die Masse fließen lassen.
- Den Rhabarber abgießen und in eine ofenfeste Form geben. Die Streusel gleichmäßig darauf verteilen.
- Im vorgeheizten Backofen bei 175 bzw. 150 Grad Umluft, bei Gas auf Stufe 2 auf der mittleren Schiene etwa 30–35 Min. backen, bis die Knusperhaube goldbraun ist.
- Geröstete Mandelblättchen darüber streuen. Möglichst warm servieren, es schmeckt aber auch kalt.
- Dazu passen Vanilleeis, geschlagene Sahne oder Vanillesauce.
- Tipp: Zur Beerenzeit im Sommer kann man gut frische gemischte Beeren statt des Rhabarbers verwenden (Himbeeren, Blaubeeren, Stachelbeeren, Johannisbeeren und Erdbeeren in beliebiger Mischung).

Für 4 Personen:

- 500 g Rhabarber
- 125 g Früchtemüsli
- 125 g brauner Zucker
- 50 g gemahlene Mandeln
- 30 g Korinthen (eventuell in Rum eingelegt)
- 30 gestiftelte Mandeln
- 50 g Weizenvollkornmehl
- 1 Vanilleschote
- Salz
- 125 g Butter
- Mandelblättchen zur Dekoration

süß

Blutwurst-SCHOKO-BÄLLCHEN

ZUBEREITUNG

- Alle Zutaten zu einem festen Brei vermengen.
- Von der Masse mit zwei Esslöffeln Nocken abstechen.
- Die Blutwurstbällchen in heißem Öl kurz frittieren und anrichten.

Zutaten:

- 100 g Blutwurst
- 20 g braune Butter
- 20 g Mehl
- 10 g Eigelb
- 5 g Schokolade
- Salz
- Pfeffer

Rezept Andreas Moser, Kantine Kohlmann

ANDREAS MOSER

Kantine Kohlmann

Als die Gastronomin Ulrike Kabyl die frei gewordenen Räume in der Skalitzer Straße unweit des Schlesischen Tors sah, wusste sie sofort: Hier würde sie ein Restaurant eröffnen. Die hohen Decken hatten es ihr angetan und die dunkelgrünen Fliesen an den Wänden. Schnell stand das kulinarische Konzept fest: Deutsche Küche. Doch keine, die zentnerschwer im Magen liegt. Leicht und unkompliziert sollte das Essen sein. Und so ist es gekommen. Heute strahlen die Räume der Kantine Kohlmann gediegene Lässigkeit aus. Die alten Fliesen sind natürlich geblieben und auf den blanken Holztischen liegen altes Silber und Leinenservietten. Auf der Speisekarte stehen vor allem deutsche Tapas, die hier Happen heißen.

In der Küche bereitet Koch Andreas Moser etwa gebackene Zanderbäckchen mit süßsauer marinierten Gurken und Kräutergranité zu oder Rote-Bete-Tartar mit Schmand und Koriander. Oder den Berliner Klassiker Königsberger Klopse, der – wie auch die anderen Happen – modern interpretiert wird mit Kapern, Speckschaum und Estragon. Viele der Zutaten bekommt die Kantine Kohlmann aus der nahe gelegenen Markthalle IX, die sich seit Jahren zum Hot Spot für regionale Lebensmittel und Anziehungspunkt für Foodies entwickelt.

Ein Renner in der Kantine Kohlmann ist das Blutwurst-Schoko-Bällchen, das auf Linsenblutwurstcreme, Senf-Apfel-Chutney und Radicchiosalat gebettet ist. Die Blutwurst für diesen Happen kommt aus Neukölln, aus der Blutwurstmanufaktur von Marcus Benser. Dort wird sie täglich frisch hergestellt. »So weiß ich, dass sie eine gleichbleibende Qualität hat. Das ist schon etwas anders als die Auswahl im Großhandel«, sagt Koch Andreas Moser.

Je nach Jahreszeit wechselt das Angebot der Happen. Serviert werden sie in kleinen Schalen oder Gläsern auf Holzbrettchen. So können die Gäste teilen und von allem etwas probieren.

Darüber hinaus stehen auch vier Hauptgerichte zur Auswahl. Wer nach dem Essen noch weiterziehen möchte, kann gleich nebenan in der hauseigenen Bar am Kamin einen Cocktail genießen.

Restaurant Kantine Kohlmann
Skalitzer Straße 64, 10997 Berlin

Telefon: 030-856 111 33
www.kantine-kohlmann.de

Öffnungszeiten
Mo–Sa 18–24 Uhr, So 17–24 Uhr

MARCUS BENSER

Blutwurstmanufaktur

Schon am frühen Morgen herrscht reger Betrieb in der Neuköllner Blutwurstmanufaktur. Zwei Verkäuferinnen stehen hinter der Theke, beraten, geben kleine Kostproben, verpacken Fleisch und Wurst. »Ich bin sogar extra eine U-Bahn-Station früher ausgestiegen, um hier frische Blutwurst zu kaufen«, sagt eine Frau. So wie sie finden viele Kunden den Weg in den Laden mit den schönen blau-weißen Fliesen an den Wänden und der Auslage voller Wurst und Fleisch. Hier im alten Rixdorf, am Karl-Marx-Platz, wirkt der Szenebezirk Neukölln noch recht beschaulich.

Zwischendurch kommt Fleischermeister Marcus Benser in den Laden und bringt eine neue Ladung frischer Blutwurstringe, die aufgereiht an einer Stange hängen. Er hat sie gerade erst aus dem Kessel geholt und die Würste sind noch warm. Neben der preisgekrönten »Berliner Blutwurst« produziert er noch viele weitere Sorten, mal grob, mal fein, geräuchert oder mit Schinkenstücken. Namhafte Restaurants schwören darauf und verarbeiten nur Blutwurst aus Rixdorf in ihrer Sterneküche.

Während vorne im Ladengeschäft der Betrieb weiterläuft, geht Marcus Benser zurück in seine Wurstküche. Eine große Wanne steht bereit. In die füllt er nun zwei Eimer voller Schweineblut. Dazu kommen zerkleinerte Speckschwarten, Zwiebeln und gekochter Speck. Das große Geheimnis seiner Blutwurst ist die Mischung aus zehn Naturgewürzen. Nur so viel verrät der Fleischermeister: Echter brasilianischer Pfeffer, Nelken aus Sansibar und Thüringer Majoran. Der Rest bleibt auch weiterhin geheim. Das alles wird von Hand verrührt, in Naturdarm gefüllt und im Kessel gebrüht. Fleisch und Blut kommen aus der Region. »Meine Blutwurst besteht aus einfachen, guten und frischen Zutaten. Keine künstlichen Geschmacksverstärker, keine Konservierungsstoffe«, sagt Marcus Benser, der aus einer Thüringer Fleischerfamilie stammt. Schon als Kind stand er beim Großvater in der Wurstküche und half als Heranwachsender beim Abbinden der Blutwürste.

Später gewann er mehrfach den bedeutendsten europäischen Blutwurstwettbewerb und wurde 2004 für seine Verdienste um die Blutwurst zum *Confrérie des Chevalier du Goûte Boudin*, also zum »Ritter der Blutwurst« geschlagen.

Blutwurstmanufaktur GmbH
Karl-Marx-Platz 9–11, 12043 Berlin

Telefon: 030-687 20 04
www.blutwurstmanufaktur.de

Öffnungszeiten
Mo bis Fr 8–18 Uhr, Sa 8–13 Uhr

EIN KRAUT für alle Fälle

Kräuter verfeinern Speisen, sind dekorativ und obendrein gesund. Sie enthalten ätherische Öle, Enzyme und Vitamine und können daher einen wichtigen Beitrag zu unserer Ernährung leisten.

Kräuter pflanzen

Wer kennt das nicht: Der Kräutertopf aus dem Supermarkt hält nur ein paar Wochen. Mit wenig Aufwand kann dem aber abgeholfen werden. Dazu sollten Kräutertöpfe geteilt werden, um den Pflanzen den nötigen Raum zu geben und sie besser mit Nährstoffen zu versorgen. In einem Topf steckt das Potential von bis zu vier Pflanzen. Dazu den Erdballen vorsichtig teilen, die Kräuter in lockere Erde pflanzen. Der Ballen sollte mit etwa einem Finger Erde bedeckt sein. Nach dem Umtopfen brauchen die Kräuter eine Ruhephase. Nach etwa zwölf Wochen kann dann geerntet werden. Um das Wachstum zu unterstützen, sollten Kräuter auch gedüngt werden.

Standort

Grundsätzlich mögen weichblättrige Kräuter wie Petersilie, Liebstöckel, Schnittlauch oder Minze einen kühleren Standort, sie vertragen keine direkte Sonne. Mediterrane Kräuter wie Thymian, Oregano oder Rosmarin fühlen sich hingegen in der prallen Sonne wohl.

Richtiges Gießen

Eine gleichmäßige Wasserversorgung ist für das Gedeihen von Kräutern besonders wichtig. Die beste Zeit zum Gießen ist spätabends. Dabei sollten die Pflanzen nicht unter Wasser gesetzt werden. Die Wassermenge hängt vom Standort und von den Pflanzen ab. Heimische, weichblättrige Kräuter, wie die Petersilie, brauchen etwas mehr Wasser als Kräuter, die aus dem Mittelmeerraum stammen. Basilikum sollte immer von unten gegossen werden um zu verhindern, dass die Stängel verfaulen.

Wildkräuter

Als Wildkräuter gelten all jene Pflanzen, die nicht kultiviert werden. Sie wachsen im Garten oder in der Natur und werden mitunter als Unkraut verkannt. Dabei können Brennnesseln, Bärlauch oder Schafgabe eine Bereicherung für unser Essen sein. Ein Klassiker unter den Wilden ist der Waldmeister, auch Maikraut genannt. Er wächst in Laubwäldern und beginnt bereits im März zu treiben.

Verarbeitung

Kräuter sind empfindliche Pflanzen. Durch eine falsche Verarbeitung oder Lagerung gehen ihre Aromen und Inhaltsstoffe leicht verloren. So ist auch beim Kochen mit ihnen Fingerspitzengefühl gefragt. Sie sollten nicht zerdrückt und grundsätzlich nicht zu lange mitgekocht werden. Wer Kräuter nach der Ernte haltbar machen möchte, kann sie gut trocknen. In der Sonne verlieren sie durch die Lichteinwirkung allerdings einige Aromen. Auch in Öl eingelegt oder tiefgefroren können Kräuter über die Ernte hinaus unsere Küche bereichern.

55
Babyspinat-Bärlauch-Salat
mit Champignon-Muffin

56
Gebratener Havel-Zander

59
Kaffee-Flammeri

62
Geschmorter Römersalat

61
Alexander Brosin
Data Kitchen

64
Peter Janoth
Naturally Good

65
Das große Krabbeln
Mit Nützlingen Schädlinge bekämpfen

zibb

Babyspinat-Bärlauch-Salat mit CHAMPIGNON-MUFFIN

So langsam wird es grün in der Region und auch der Speiseplan lässt den Frühling ahnen. Wer jetzt durch die Wälder spaziert, hat an vielen Stellen den knoblauchartigen Duft von Bärlauch in der Nase. Beim Sammeln ist allerdings Vorsicht geboten, denn die Bärlauch-Blätter ähneln denen von Maiglöckchen, die giftig sind. Elena mischt Bärlauch unter frischen Blattspinat, der ebenfalls Saison hat. Zwar hat sich herausgestellt, dass Spinat doch nicht so viel Eisen enthält, wie gedacht. Doch der Eisenwert ist immer noch recht hoch, dazu enthält er Kalium, was gut ist für die Muskeln, und Vitamin C. Dieser Salat ist also ein echter Kraftlieferant.

ZUBEREITUNG

- Den Spargel schälen und mit dem Bacon umwickeln. Für 25 Min bei 180 Grad im Ofen backen.
- Einen Teil der Champignons (ca. 200 g) schälen, kleinscheiden und mit etwas Salz dünsten, damit sie Wasser verlieren.
- Die gedünsteten Champignons etwas abkühlen lassen und mit den Eiern, dem Frischkäse, dem geriebenen Käse, den Haferkleie-Flocken, dem Backpulver, Salz, Pfeffer und einem Schuss Sahne in einem Mixer zu einem Muffinteig mixen.
- 10 Blatt Bärlauch klein schneiden und nach dem Mixen zu der Masse geben und unterheben.
- Eine Muffinform mit Butter ausstreichen, die Masse einfüllen und im Backofen bei 180 Grad ca. 30 Min. backen.
- Den Babyspinat und 8–10 Bärlauchblätter waschen und trocknen. Tomaten waschen und halbieren, Frühlingszwiebeln in Ringe schneiden. Champignons putzen und in Scheiben schneiden. Für die Vinaigrette Erdbeeren, Olivenöl, Essig, Honig, Senf, Salz und Pfeffer mit dem Pürierstab mixen.
- Babyspinat mit Tomaten und Champignons anrichten und mit der Vinaigrette beträufeln. Zusammen mit dem Champignonmuffin und dem Spargel im Speckmantel servieren.

Für 4 Personen:

- 300 g Babyspinat
- 1 Bund Bärlauch
- 2 Frühlingszwiebeln
- 300 g braune Champignons
- 200 g Cherrytomaten
- 250 g Spargel
- 100 g Bacon
- 300 g Frischkäse
- 60 g Hartkäse, gerieben
- 2 Eier Größe L
- 60 g Haferkleie-Flocken
- 1 TL Weinsteinbackpulver
- etwas Sahne, Salz, Pfeffer

Vinaigrette

- 4 Erdbeeren
- 4 EL Balsamicoessig
- 8 EL Olivenöl
- 1 EL Honigsenf
- 2 EL Honig
- Salz, Pfeffer

Salat

GEBRATENER Havel-Zander

Seit mehr als 50 Jahren sind »Die Havelfischer« in Alt-Heiligensee ansässig, fangen und räuchern fast täglich heimischen Fisch. Hier hat Norbert den Havel-Zander geholt und im zibb Kochclub bereitet er ihn mit frischem Beelitzer Spargel zu. Das Gemüse ist von Natur aus sehr kalorienarm und blutzuckerfreundlich, liefert Ballaststoffe und B-Vitamine. Ummantelt von Semmelbröseln und gebraten in Butter allerdings … nun ja, es schmeckt doch so köstlich.

ZUBEREITUNG

- Fischfilets trocken tupfen und eventuell vorhandene Gräten mit der Pinzette auszupfen. Filets in gleichgroße Stücke schneiden, auf der Hautseite ein paar Mal quer (nicht zu tief) einschneiden. Mit Salz, Pfeffer und Zitronensaft würzen. Rapsöl erhitzen, Fischfilets mit der Hautseite nach unten einlegen und beidseitig braten (insgesamt je nach Dicke 1–3 Min.).
- Den Spargel schälen und in kochendem Salzwasser mit 1 TL Zucker, 1 TL Butter und 1 TL Salz 3–4 Min. bissfest köcheln lassen. Spargel abtropfen lassen. Eier verquirlen, salzen und pfeffern. Paniermehl mit Parmesan mischen, Spargelstangen nacheinander in Mehl, Ei und Paniermehl wälzen. Reichlich Öl in einer Pfanne erhitzen und den panierten Spargel goldbraun braten. Aus der Pfanne nehmen und auf Küchenkrepp abtropfen lassen.
- Für die Zitronensauce Karotten, Schalotten und Knoblauch schälen und in kleine Würfel schneiden. 40 g Butter in einer Pfanne aufschäumen lassen und Karotten, Schalotten und Knoblauch darin anschwitzen. Mit dem Weißwein ablöschen und auf die Hälfte einkochen lassen. Den Sud in einen kleinen Topf seihen und den Abrieb einer Zitrone zugeben. Mit Salz, Pfeffer und dem Saft der Zitrone abschmecken und mit der restlichen Butter binden.
- Dazu Salzkartoffeln reichen.

Für 4 Personen:

- 500 g Fischfilet mit Haut
- Rapsöl zum Braten
- Zitronensaft
- Salz, Pfeffer schwarz
- 800 g festkochende Kartoffeln

Spargel

- 500 g Spargel, weiß
- 50 g Mehl
- 2 Eier
- 100 g Paniermehl
- 2 EL frisch geriebenen Parmesan
- 50 g Butterschmalz

Zitronensauce

- 4 kleine Karotten
- 4 Schalotten
- 2 Knoblauchzehen
- 1 Bio-Zitrone
- 240 g Butter
- 280 ml Weißwein

Fisch

Aus dem zibb-Kochclub

Kaffee-FLAMMERI

»Grundrezepte der Kochkunst« heißt das Kochbuch, das 1931 erschien und schon Fraukes Mutter gehörte. Das Papier ist mittlerweile sepiagefärbt, den Abbildungen in schwarz-weiß sieht man die Jahre an und auch die Rezepte entsprechen nicht mehr unbedingt den heutigen Kochgewohnheiten. So gibt es inzwischen auch raffiniertere Flammeri-Varianten als die mit Kaffee. Aber warum nicht bei beliebten Familienrezepten bleiben, wenn diese doch so überzeugend einfach und lecker sind.

Für 4 Personen:

- 180 ml Milch
- 180 ml starker Kaffee
- 30 g Stärkemehl
- 20 g Zucker

ZUBEREITUNG

- Speisestärke, Zucker und einen Teil der kalten Milch glatt verrühren. Die restliche Milch zum Kochen bringen. Unter ständigem Rühren die Mischung aus Speisestärke und Zucker in die kochende Milch geben, den Kaffee dazugießen und 4–5 Min. unter Rühren weiter kochen.
- Den Flammeri portionsweise in Formen füllen und mindestens 1–2 Stunden kühl stellen, bis er fest ist. Vor dem Stürzen mit einem Messer die Ränder der Puddingmasse lockern.
- Mit Beeren der Saison (Erdbeeren, Heidelbeeren und Himbeeren) dekorieren.
- Verfeinern kann man die Masse, wenn man Saft und Schale einer halben Zitrone sowie 30 g Butter beifügt oder 1 Stange Vanille in der Milch auskocht. Alternativ können auch 40 g geriebene Mandeln unter die Masse geben oder 20 g geriebene Schokolade in der Milch glatt gerührt werden.

süß

DATA KITCHEN

ALEXANDER BROSIN

Data Kitchen

Wie ein Hologramm erscheint der Name des Kunden auf der Glasscheibe. Dahinter steht in einer erleuchteten Box der bestellte Salat. Per Smartphone wird nun ein vorher zugeschickter Code eingegeben und schon öffnet sich die Box, das Essen kann entnommen werden, die Klappe schließt sich wieder und das Licht in der Box erlischt.

Diese sogenannte Food-Wall ist das Herzstück des Restaurants Data Kitchen, das ein wenig versteckt in einem Hinterhof am Hackeschen Markt liegt.

»Slow food fast« nennen die Betreiber das Konzept. Denn hinter der modernen digitalen Technik steckt handgemachte, regionale Küche, für die Alexander Brosin verantwortlich ist. Täglich ab neun Uhr bieten er und sein Team Frühstück an, bei dem zum Beispiel Rührei mit Kräutern, Schnittlauchstulle oder Pancakes zur Auswahl stehen. Außerdem gibt es hausgemachte Smoothies und Säfte. Ab halb zwölf kann zu Mittag gegessen werden. Etwa Fish & Chips, hausgemachte Gnocchi oder Grillgemüse. »Ich versuche, gesund zu kochen mit vielen Kräutern. Aber ich greife auch Klassiker auf wie das Berliner Solei und entstaube sie ein wenig.« Für das wöchentlich wechselnde Angebot der Data Kitchen setzt der Küchenchef auf Produkte aus der Region. Viel Salat und Gemüse, etwas Fleisch und Fisch. »Wir verwenden nur Produkte, deren Herstellung wir auch vertreten können und deren Herkunft wir kennen«, erläutert Alexander Brosin seine Einkaufsphilosophie. Seinen Salat und seine Kräuter erhält er etwa von Peter Janoth aus Krielow. Dessen Garten bei Groß Kreutz in Brandenburg hat Alexander Brosin sogar eine Zeitlang selbst bearbeitet und fühlt sich verbunden mit allem, was dort wächst.

Bestellt und bezahlt werden die Gerichte vorab online oder per App. Jeder Kunde kann festlegen, wann er essen möchte. Die Bestellung erscheint dann auf einem Display in der Küche von Alexander Brosin und dort wird sie zeitgerecht bearbeitet. Pünktlich ohne Warterei entnimmt der Kunde sein Essen der Food-Wall und genießt seine Mittagspause mit frischen, leichten Gerichten. Bestellt digital, zubereitet radikal regional.

Restaurant Data Kitchen
Rosenthaler Straße 38, 10178 Berlin

Telefon 030-680 730 40
www.datakitchen.berlin

Öffnungszeiten
täglich 9–17 Uhr

Geschmorter Römersalat

ZUBEREITUNG

• Römersalat

Den Zucker in eine Pfanne oder einen breiten Topf streuen und leicht karamellisieren lassen. Den Römersalat vierteln und in den Karamell einlegen. Sobald der Salat leicht karamellisiert ist, herausnehmen und beiseite stellen. Den Karamell mit ca. ¼ des Gemüsefonds ablöschen. Das Ganze kurz aufkochen lassen. Schalotten und Karottenwürfel in einem Topf leicht anschwitzen. Nun den restlichen Gemüsefond sowie das Karamell-Gemüsefond-Gemisch zu den geschwitzten Schalotten/Karotten gießen und den Römersalat darin einlegen. Den Salat mit einer Prise Salz bestreuen, bei 150 Grad Umluft ohne Deckel ca. 20 Min. im Ofen garen. Bei Öfen ohne Umluft ca. 7–8 Min. mehr Garzeit einplanen.

• Crostini

Die Brotscheiben entweder in einer Pfanne mit Öl oder im Ofen auf einem Blech mit Olivenöl bei ca. 180 Grad rösten, bis sie kross sind.

• Bärlauchpesto

Sonnenblumenkerne rösten. Bärlauch von den Stielen trennen. Das Olivenöl in einen Thermomix oder in eine Moulinette geben, kurz mit dem Bärlauch und den Sonnenblumenkernen mixen. Wenn möglich (wie bei der Moulinette) in kurzen Intervallen, bis sich ein Pesto ergibt. Sind die Stiele vom Bärlauch schön frisch, kann man diese vorher klein schneiden und am Ende unter das Pesto heben. Mit etwas Salz abschmecken. Für das Pesto kann man auch einen Mixstab verwenden.

• Zwischenzeitlich den Salat im Ofen kontrollieren und wenden. Eine Prise Salz einstreuen und mit dem Gemüsefond übergießen, damit auch der Fond sowie die Schalotten/Karotten in die Innenräume des Salates vordringen können. Nun kann er wieder in den Ofen und weiter gegart werden.

• Brunnenkressesud

Stilles Wasser, Rapsöl, gezupfte Brunnenkresse und Salz in einen Blender/Mixer geben und auf höchster Stufe mixen. Abschmecken und die Masse durch ein Sieb passieren.
Da es sich um eine kalte Sauce handelt, sollte diese kalt gestellt werden, um die grüne Farbe zu erhalten.

• Wildkräutersalat

Den Apfelsaft leicht sirupartig auf ca. 100 ml einkochen. Die Kräuter zupfen, waschen und mit dem eingekochten Apfelsaft beträufeln. Es können auch herkömmliche Kräuter verwendet oder beigemischt werden. Wildkräuter sind jedoch durch ihr intensives Aroma geschmacklich interessanter.

• Finishing Römersalat

Den Liebstöckel in feine Streifen schneiden. In den Schmorsud streuen und den Römersalat damit übergießen. Zum Anrichten einen Löffel des Brunnenkressesuds/einen Spiegel aus Brunnenkressesud auf einen Teller geben, darauf den Römersalat setzen. Die geröstete Brotscheibe mit dem Bärlauchpesto bestreichen, darauf den Wildkräutersalat streuen und alles zusammen servieren.

Rezept Alexander Brosin, Data Kitchen

Für 4 Personen:

Römersalat
- 1 Römersalat
- 100 g Schalottenwürfel
- 150 g Karottenwürfel
- 20 g Zucker
- 600 ml Gemüsefond
- 15 g Liebstöckel
- Salz

Crostini
- 4 dünne Scheiben Brot (Sauerteigbrot)

Pesto
- 80 ml kaltgepresstes Olivenöl
- 120 g Bärlauch
- 20 g Sonnenblumenkerne
- Salz

Brunnenkressesud
- 200 g gezupfte Brunnenkresse
- 100 ml Wasser
- 50 ml Rapsöl (kaltgepresstes, goldene Farbe)
- Salz

Marinade
- 300 ml naturtrüber Apfelsaft o. Direktsaft

Gezupfte Wildkräuter
- z. B. Vogelmiere, Taubnessel, Süßdolde, Bärlauch

PETER JANOTH

Naturally Good

Im April sind die Gemüsebeete noch relativ kahl. Der erste Schnittlauch zeigt sich, ebenso Süßdolde oder Estragon. Peter Janoth streift durch seinen Garten in Krielow, geht in die Hocke, zupft einen Stengel hier und steckt ihn in den Mund, reibt dort ein Blatt zwischen den Händen und riecht daran. Das Wissen von mehr als 15 Jahren steckt in diesen Kräutern. So lange ist Peter Janoth schon – mit kurzer Unterbrechung – Gemüsebauer.

Nur wenn Gemüse und Kräuter auf dem Höhepunkt ihrer Reife sind, erntet Peter Janoth. »Das Wichtigste ist Zeit. Die muss man den Pflanzen zum Wachsen geben. Ich kann sie zwar auch vorher schneiden, aber wenn sie noch kein Aroma haben, macht das keinen Sinn«, sagt Janoth. Stundenlang kann er über den richtigen Umgang mit Kräutern, ihren Duft und das Aroma sprechen. 50 Arten baut er an, allein 15 verschiedene Tomatensorten hat er im Sommer im Angebot, dazu Wildbeeren und Kürbisse im Herbst. Was genau er anders macht, verrät Peter Janoth nicht. Nur so viel: die Freude an dem, was er tut, Geduld und Erfahrung begleiten ihn jeden Tag in seinem Garten.

Seine Leidenschaft für alte und vergessene Gemüsesorten, seine Experimentierfreudigkeit im Anbau führt dazu, dass viele Berliner Spitzenköche zu seinen Kunden gehören. Sie rufen ihn an, weil sie etwas Neues probieren und wissen wollen, ob er das passende Kraut dazu hat. Gemeinsam mit ihnen entscheidet er, was angebaut wird und was nicht. Oder Peter Janoth ruft in Berlin an, etwa bei Alexander Brosin in der Data Kitchen, weil der Liebstöckel oder ein anderes Kraut seine volle Reife erreicht hat. Dann setzt der Küchenchef eben ein Gericht mit Liebstöckel auf die Karte. So funktioniert das und Peter Janoth scheint in dieser Arbeit aufzugehen. Denn er ist nicht bloß Lieferant, sondern kann sein reiches Wissen einbringen.

Peter Janoth, »Naturally Good«
14550 Groß Kreutz
Telefon 0172 -997 00 69

DAS GROSSE KRABBELN

Mit Nützlingen Schädlinge bekämpfen

Wenn Schädlinge sich im Garten breitmachen, greift man schnell zu chemischen Mitteln, doch diese können Obst und Gemüse ungenießbar machen und die Umwelt belasten. Schonender ist der Einsatz von Nützlingen. Sie stellen die natürlichen Fressfeinde der Schädlinge dar und sind für Mensch und Natur völlig unbedenklich.

Besonders wichtig für eine erfolgreiche Behandlung der Pflanzen ist ein frühzeitiges Erkennen des Befalls. Je früher die Nützlinge ausgesetzt werden, desto leichter können sie die Schädlinge bekämpfen. Auch die Nützlinge brauchen eine bestimmte Umgebung, um zu überleben und sich zu vermehren. Temperaturen und Luftfeuchtigkeit spielen dabei eine ebenso große Rolle wie die Pflanze, auf der sie eingesetzt werden sollen. Der Einsatz mancher Nützlinge eignet sich nur in Gewächshäusern. Auf jeden Fall sollten die betroffenen Pflanzen einige Zeit vor dem Ausbringen der Nützlinge nicht mit chemischen Mitteln behandelt worden sein, da diese auch den Nützlingen schaden. Nützlinge sind bei speziellen Züchtern erhältlich, die vom Marienkäfer bis zur Florfliege auch nach Hause liefern.

Blattläuse saugen sich an den Pflanzen fest und sondern klebrigen Honigtau ab, der wiederum das Wachstum von Rußtaupilzen begünstigt. Gegen Blattläuse helfen z. B. Marienkäfer und deren Larven, Florfliegenlarven und Schlupfwespen. Welcher Nützling im Einzelfall hilft, hängt von der befallenen Pflanze und den Temperaturen ab.

Spinnmilben sind so klein, dass sie mit bloßem Auge nur schwer zu erkennen sind. Sie ernähren sich von Pflanzensaft und hinterlassen statt dem satten Grün gelbe Flecken, die sich auf den Blättern ausbreiten. Gegen Spinnmilben helfen Raubmilben. Sie vertilgen sie in jedem Wachstumsstadium, benötigen allerdings warme Temperaturen und eine hohe Luftfeuchtigkeit.

Weiße Fliegen stammen aus tropischen Gebieten und verbreiten sich bei uns daher am schnellsten im Sommer. Wie die Spinnmilben ernähren sie sich vom Pflanzensaft. Auch sie sondern Honigtau ab, der den Befall mit Rußtau begünstigt. Die Schlupfwespe legt ihre Eier in den Larven der Weißen Fliege ab und tötet diese dabei.

Dickmaulrüßler sind nachtaktive Käfer und gehören zu den hartnäckigsten Schädlingen im Garten. Sie fressen sich in die Blätter, und die Larven schädigen die Wurzeln. Oft befallen sie Rhododendren, Buchsbäume oder Rosen. Mit Nematoden, also Fadenwürmern, lassen sich Dickmaulrüßler besonders gut bekämpfen. Sie dringen in die Larven der Käfer ein und hinterlassen dort Bakterien, die die Larven abtöten.

Nützlinge aus Brandenburg
Katz BioTech
www.katzbiotech.de

MAI

69
Kerbelsuppe mit Radieschen und Croûtons

70
Kartoffelpuffer-Waffeln

72
Shrub, Kombucha & Co.

74
Karotten & Kaffee

75
Ema Paulin & Leandro Vergani
Good Bank

77
Osnat Michaeli, Erez Galonska & Guy Galonska
Infarm

79
Blattwerk
Das gesunde Grün

Kerbelsuppe mit RADIESCHEN und CROÛTONS

Zu jedem guten Essen gehört vorweg eine Suppe, findet Gastro-Kritikerin Tina Hüttl. Zuhause bei der Familie kann sie damit nicht punkten. Dabei riecht es herrlich in der zibb Küche, als sie den frischen Kerbel zupft und vorbereitet. Saucen und Suppen gibt das Kraut ein pikant-süßliches Aroma und es regt sogar den Kreislauf an. Allerdings sollte Kerbel nicht mitgekocht werden. Die Blätter immer erst in letzter Minute hinzu gegeben. So behalten sie ihr Aroma.

ZUBEREITUNG

- Schalotten und Knoblauch schälen und in feine Würfel schneiden, in Butter anschwitzen. Petersilienwurzeln und Kartoffeln schälen, klein schneiden, dazugeben und weiter anschwitzen. Mit dem Weißwein ablöschen, einkochen lassen, mit der Brühe auffüllen und alles ca. 30 Min. köcheln lassen, bis das Gemüse gar ist. Sahne hinzufügen und nochmals gute 5 Min. köcheln lassen.
- Den Kerbel putzen und grob schneiden. Alles zusammen mit dem Kerbel fein mixen und passieren. Mit Salz, Pfeffer, Muskat und einem Spritzer Zitrone abschmecken.
- Von der Toastbrotscheibe die Rinde entfernen, das Brot halbieren, in kleine Würfel schneiden, in der Butter hellbraun rösten und zum Abtropfen in ein Sieb geben. Zum Anrichten die Suppe kurz mit dem Stabmixer aufschäumen, in Tassen verteilen und mit krossen Croûtons und fein geschnittenen Radieschenscheiben garnieren.

Für 4 Personen:

- 2 Schalotten
- 1 Knoblauchzehe
- 50 g Butter
- 2 Petersilienwurzel
- 2 Kartoffeln
- 100 ml Weißwein
- 1 l Gemüsebrühe
- 1 Becher flüssige Sahne
- 180 g Kerbel (2 Bund)
- Salz
- Pfeffer aus der Mühle, Muskatnuss, Zitrone
- 1 Scheibe Toastbrot für die Croûtons
- 30 g Butter
- Radieschen zum Garnieren

Suppe

KARTOFFELPUFFER-Waffeln

Am frühen Morgen ist Claudia Hirschberger im Berliner Stadtpark unterwegs und sammelt die Wildkräuter für ihren Salat. Schafgarbe, junger Löwenzahn, Vogelmiere oder Sauerampfer – all das findet sie in der Stadtnatur und kreiert daraus vegane Rezepte, die sie auf ihrem Foodblog »Food with a view« veröffentlicht. Vegan ist auch ihre Grüne Sauce, die sie nicht mit Schmand zubereitet, sondern auf einer Avocado-Basis.

ZUBEREITUNG

- Die Kartoffeln schälen und grob raffeln, dann in ein mit einem Mulltuch ausgelegtes Sieb geben und 5 Min. abtropfen lassen.
- Für die Grüne Sauce Kräuter waschen, verlesen und fein hacken. Bei harten Stängeln die Blätter zuvor von den Stielen zupfen und dickere Stängel etwa für eine Gemüsebrühe verwenden, zarte Stängel können mitverarbeitet werden. Dicke Borretschstiele zuvor schälen. Die Avocado halbieren und den Kern entfernen. Das Fruchtfleisch auslösen und gemeinsam mit dem Zitronensaft, dem Senf und 75 ml Wasser in einem Standmixer fein mixen. Die Creme in eine kleine Schüssel füllen, mit Salz und Pfeffer abschmecken. Die gehackten Kräuter, die Schalotte und den Zitronenabrieb unterheben. Abgedeckt kühl stellen.
- Für die Waffeln die Kartoffelmasse mit einem Holzlöffel etwas ausdrücken und mit den Zwiebelwürfeln in eine Schüssel geben. Das Kichererbsenmehl mit Salz und Pfeffer mischen, zur Kartoffel-Zwiebel-Masse geben und mit den Händen gründlich vermengen. Das Waffeleisen mit einem Pinsel großzügig mit Öl ausstreichen und hoch erhitzen. Jeweils 2 gehäufte EL Masse in die Mitte jeder Backfläche des Waffeleisens setzen, sodass die Platten nicht komplett mit Teig ausgefüllt sind, sondern eine runde Form entsteht. Je nach Waffeleisen die Menge gegebenenfalls anpassen. Den Deckel vorsichtig schließen und die Waffeln zunächst etwa 5 Min. backen. Wenn kein Wasserdampf mehr entweicht, den Deckel vorsichtig heben und den Bräunungsgrad prüfen, gegebenenfalls noch etwas länger backen. Die Waffeln sollten außen gebräunt und leicht knusprig sein, im Inneren aber noch nicht zu Brei zerfallen.
- Während der Backzeit in einer kleinen Schüssel alle Zutaten für die Vinaigrette mit einem Schneebesen verquirlen, abschließend die Schalottenwürfel dazugeben. Für den Salat den Postelein und die Wildkräuter verlesen, waschen und gut abtropfen lassen. Auf Tellern arrangieren und mit der Vinaigrette beträufeln. Die frischen Kartoffelpuffer-Waffeln daneben anrichten, etwas Grüne Sauce dazu geben und sofort servieren. Die restliche Grüne Sauce getrennt dazu reichen.

vegan

Für 4 Personen:

Kartoffelpuffer-Waffeln
- 1 kg vorwiegend festkochende Kartoffeln
- 2 Zwiebeln, fein gewürfelt
- 4 EL Kichererbsenmehl
- Meersalz
- frisch gemahlener schwarzer Pfeffer
- etwa 4 EL Sonnenblumenöl
- Mulltuch
- belgisches Waffeleisen mit tiefen Waben, alternativ ein anderes Waffeleisen

Grüne Sauce
- 1 Bund Kräuter für Grüne Sauce, alternativ je etwas Petersilie, Schnittlauch, Borretsch, Pimpinelle, Sauerampfer, Kerbel und Gartenkresse oder ähnliche Gartenkräuter nach Angebot
- 2 große Avocado à 300 g
- Saft und feiner Abrieb von 1 unbehandelten Zitrone
- 2 Msp. milder Senf
- 4 Schalotten, fein gewürfelt
- Meersalz
- frisch gemahlener schwarzer Pfeffer

Wildkräutersalat
- 100 g Postelein
- 80 g gemischte Wildkräuter

Vinaigrette
- 6 EL Haselnussöl
- 2 EL Holunderblütenessig
- 2 Msp. Dijonsenf
- frisch gemahlener Tellicherry-Pfeffer
- Meersalz
- 1 Schalotte, fein gewürfelt

Quelle: Claudia Hirschberger/ Arne Schmidt, Food with a View: Die Grüne Stadtküche. Sehen, sammeln, gemeinsam essen. München: Knesebeck-Verlag 2017

Shrub, KOMBUCHA & Co.

Drinks

Apfelschorle, Tee und Wasser – das war's oft, wenn es um das nichtalkoholische Getränkeangebot in Restaurants geht. Nicole Klauß wollte sich damit nicht zufrieden geben und fing an, nach Alternativen zu suchen. Inzwischen ist sie Getränkeexpertin und hat ein Buch über »Die Neue Trinkkultur« geschrieben. Darin geht es um das Trend-Thema »Foodpairing«, bei dem sich Aromen aus den Speisen in den Getränken wieder finden oder bewusst kontrastiert werden.

ZUBEREITUNG:

- **Erdbeer-Shrub**

Erdbeeren putzen, kleinschneiden und mit dem Zucker vermischen. Die Erdbeeren in ein großes verschließbares Glas geben und mindestens 3 Stunden im Kühlschrank ziehen lassen, über Nacht ist noch besser (je länger die Erdbeeren ziehen, desto aromatischer wird der Shrub). Die Erdbeermischung durch ein Sieb in eine Schüssel gießen, den Essig dazu geben und alles gut verrühren. Diese Mischung mindestens eine Nacht im Kühlschrank ziehen lassen, je länger desto besser. Nach 3–4 Tagen ist der Erdbeer-Shrub perfekt. Zum Servieren den Shrub nach Geschmack mit Mineralwasser auffüllen. Mit einem Minzezweig oder anderen Kräutern dekorieren. Das Getränk kann auch im gleichen Verhältnis mit diversen Gemüsen und Obstsorten gemixt werden.

- **Wasserkefir**

60 g Zucker, Wasser, Wasserkefirkristalle und Trockenfrüchte in ein großes Weckglas füllen. Den Ansatz abgedeckt stehen lassen. Nach 2–3 Tagen die Trockenfrüchte herausnehmen und die Flüssigkeit durch ein feines Sieb seihen. Wasserkefirkristalle im Sieb mit fließendem kaltem Wasser kurz abbrausen. Dann können sie mehrfach verwendet werden. Jetzt kommt die Flaschenreifung: Die Flüssigkeit in ein Weck-, ein Marmeladenglas oder in eine Flasche mit Bügelverschluss geben. Je nachdem, wie süß das Getränk werden soll, ca. 40 g Zucker sowie Kräuter oder Obst nach Wahl dazugeben. 1–2 Tage fermentieren lassen. Alternativ können die Kristalle auch direkt in Säfte gegeben werden. Dann benötigt man nur eine Fermentationsphase. 1–2 Tage reichen hierfür aus. Ein Teebeutel mit gemahlenem Espresso in der Flaschenreife bringt einen tollen »Kaffeekefir« hervor, der gut zu Desserts passt ...

- **Kombucha**

Teeaufguss herstellen und auf Zimmertemperatur abkühlen lassen. 120 g Zucker pro Liter, den Kombuchapilz sowie etwas Kombucha-

flüssigkeit als »Fermentationsbeschleuniger« dazugeben. Alles in ein Glas mit großer Öffnung geben. Mit einem Mulltuch verschließen (nicht mit einem Deckel, da der Kombucha Sauerstoff braucht). Die optimale Temperatur hierfür liegt bei 24–30 Grad. Bei warmem Wetter ist der Kombucha nach 10 Tagen »reif«, im Winter dauert es länger. Einfach mal zwischendurch probieren. Die Flaschenreifung wie beim Wasserkefir durchführen: Das Getränk abseihen und in ein verschließbares Gefäß füllen. Obst- oder Gemüsesaft dazugeben, gesüßten Kräutertee, Kräuter oder Sirup (z. B. Holunderblütensirup). Wer dem Kombucha pur möchte, kann einfach noch einen TL Zucker dazugeben. 1–2 Tage fermentieren lassen und zwischendurch immer mal probieren. Wenn er lange steht, wird er immer saurer (irgendwann ist der Kombucha nicht mehr trinkbar, aber wunderbar als Essig zu nutzen).

Zutaten

Erdbeer-Shrub

- 350 g frische Erdbeeren
- 240 ml Bio-Apfelessig
- 225 g Rohrohrzucker (normaler Zucker tut es auch), es geht auch mit Ahornsirup (wird dann dunkler) oder mit Reissirup (für Diabetiker)
- frische Minze

Wasserkefir

- 60–100 g Zucker
- 1 l Wasser
- 1 knapper EL Wasserkefirkristalle (online zu bestellen)
- 1 EL Trockenfrüchte (z. B. Rosinen, Aprikosen, Datteln)
- Kräuter und Obst nach Belieben

Kombucha

- Tee nach Wahl (alle Sorten möglich: grün, schwarz, Früchtetee ...)
- 120 g Zucker / Liter
- Kombuchapilz und Kombuchaflüssigkeit (online bei »Fairment« oder »Bärbucha« in Berlin (nur im Geschäft in der Eisenacher Straße))

Karotten & KAFFEE

ZUBEREITUNG

- Karotten

Den Kaffeesatz auf ein Backblech geben. Die Karotten darauf legen und mit dem Espresso übergießen. Bei 140 Grad 45 Min. im Ofen garen (es ist wichtig, dass die Karotten nicht zu weich werden und ihre Textur behalten). Die Karotten im Kaffeesatz auf Raumtemperatur abkühlen lassen, klein schneiden und beiseite stellen.

- Kaffee-Öl

Das Öl mit dem Kaffee mischen und auf 70 Grad erhitzen. Abkühlen lassen und durch einen Stoff- oder Papierfilter geben. Ebenfalls beiseite stellen.

- Quarkkäse

Den Käse mit Salz würzen und kalt stellen.

- Die Karotten mit Salz und einem Esslöffel Kaffee-Öl in ein Wasserbad geben. So bekommen sie ein frisches Kaffee-Aroma.
- Eine halbe Tasse Karotten, zwei Esslöffel des Dressings, zwei Esslöffel geraspelten Meerrettich und zwei Esslöffel Sprossen in einer Schüssel vermengen. Mit Maldon-Salz würzen und einen Löffel Quart-Käse darüber geben. Mit Kopfsalat und geraspeltem Meerrettich garnieren. Dazu passt Quinoa.

Für 4 Personen:

Karotten
- 4 große Karotten
- 400 g Kaffeesatz
- 1,5 Espresso

Kaffee-Öl
- 15 g frisch gemahlene Kaffeebohnen
- 30 g Pflanzenöl

Karotten-Riesling-Dressing
- 600 ml Karottensaft
- 80 ml Riesling

Quarkkäse
- 120 g Quarkkäse
- Salz

Plating
- 50 g geschälter Meerrettich
- Sprossen
- Kopfsalat
- Flockensalz

Rezept Santiago Lastra, Good Bank

EMA PAULIN & LEANDRO VERGANI

Good Bank

Lebensmittel dort zu produzieren, wo sie verbraucht werden – das wäre wirklich radikal regional. Man bräuchte weder LKWs, die das Gemüse über die Autobahnen rollen, noch Flugzeuge, die unreif geerntetes Obst um die Welt fliegen, keine Kühlung und keine Lagerhallen. Klingt zunächst wie eine Zukunftsvision. Doch im Restaurant »Good Bank« in Berlin-Mitte ist das schon Realität. Hier wächst der Salat direkt im Restaurant, in sogenannten vertikalen Farmen. Auf den ersten Blick sehen diese aus wie große, rosa leuchtende Schränke. Auf mehreren Etagen sind zwei verschiedene Salatsorten und Babygrünkohl gepflanzt. Versorgt werden sie durch ein Hydroponik-System, das den Pflanzen Wasser, Mineralstoffe und Luft zuführt. Ein spezielles LED-Licht kreist über dem Salat und imitiert die Sonne. »Wir sind das erste Restaurant in Berlin, das solche High-End-Module im Restaurant stehen hat und den Großteil seines Salates, der hier verbraucht wird, direkt vor Ort anbaut«, erklärt Ema Paulin das neuartige Konzept. Zusammen mit Geschäftspartner Leandro Vergani hat sie das »Good Bank« eröffnet. »Der Salat ist immer absolut frisch und das schmeckt man«, so die Gründerin.

Zweimal in der Woche kommt ein Mitarbeiter der Kreuzberger Firma Infarm, die die vertikalen Farmen entwickelt hat, in das Restaurant und erntet den Salat. »Wir benötigen zwar Energie, um das System zu betreiben, aber weitaus weniger als für den Transport des Salats aus dem Umland und erst recht aus dem Ausland nach Deutschland nötig wäre«, erklärt er die Vorteile der vertikalen Farmen. Nach der Ernte werden kleine, vorgezogene Salatpflanzen nachgesetzt.

Ab halb zwölf stehen die Kunden Schlange im »Good Bank«, viele Kunden kommen aus den umliegenden Büros und wollen ein leichtes Mittagessen. Dass sie tatsächlich den Salat essen, der vor ihren Augen wächst, ist für viele neu.

Restaurant Good Bank
Rosa-Luxemburg-Straße 5, 10178 Berlin
täglich 11.30–22 Uhr
www.good-bank.de

OSNAT MICHAELI, EREZ GALONSKA & GUY GALONSKA

Infarm

Die Zukunft der Landwirtschaft hat bereits in einem Kreuzberger Hinterhof begonnen. Hier sitzt die Firma Infarm und arbeitet daran, dass sich die stetig wachsenden Großstädte irgendwann selbst mit Gemüse und Salat versorgen können – und das wasser- und platzsparend, ohne Pestizide und CO_2-neutral. Klingt zu schön, um wahr zu sein. Doch es funktioniert.

In der Glogauer Straße entwickelt das Team um die Brüder Erez und Guy Galonska und Osnat Michaeli sogenannte »vertikale Farmen«. Durch ein Hydroponiksystem werden Pflanzen in Innenräumen mit Licht, Luft, Wasser und Nährstoffen versorgt. Die Wachstumsbedingungen sind stets gleich, unabhängig von der Jahreszeit.

In ihrer Firma sieht es ein wenig aus wie in einer Raumstation – in Hochregalen stehen Basilikum, Kopfsalat und Rucolapflanzen, über denen LED-Lampen kreisen, von unten nehmen die Pflanzen Wasser und ein Substrat mit Nährstoffen auf. Die Lufttemperatur liegt bei 22 Grad, die Luftfeuchtigkeit bei 60 Prozent. Alle Parameter werden akribisch analysiert und kontrolliert. »Wenn ein Regal einmal angelaufen ist, produziert es auf zwei Quadratmetern 28 Salatköpfe am Tag«, erklärt Galonska.

Was 2013 in der heimischen Küche begann, ist heute ein Unternehmen, in dem 25 Designer, Pflanzenphysiologen, Programmierer, Businessexperten und Ingenieure arbeiten. Ihre urbane Anbaumethode könnte in Zukunft die traditionelle Landwirtschaft ergänzen, davon sind die Infarmer überzeugt. Zudem wird kein Ackerland benötigt, Flächen könnten wieder aufgeforstet werden.

Derzeit stehen vertikale Gärten von Infarm zum Beispiel im Berliner Design-Hotel 25Hours und im Restaurant Neni. Doch das ist mehr fürs Auge. Mit ihren Modulen wollen sie möglichst viele Unternehmen animieren, Gemüse anzubauen – in Hotels, Supermärkten, Co-Working-Spaces oder Krankenhäusern. Irgendwann, so ihre Vision, können sich die Städte durch das Indoor-Farming selbst versorgen.

Infarm Berlin
Glogauer Straße 6, 10999 Berlin
www.infarm.de

HiER
NiCHT

BLATTWERK

Das gesunde Grün

Salat ist die Suppe des Sommers und jetzt im Mai kann man das gesunde Grün auch prima selbst anbauen. Salat ist besonders geschmacksintensiv, nährstoffreicher und oft mit weniger Nitraten belastet, wenn er aus dem Freiland kommt. Von Mai bis in den Juli hinein kann Salat ins Beet gesät und je nach Sorte bis Oktober geerntet werden.

Nährstoffe

Salat besteht zu 95 Prozent aus Wasser, kann aber mit den Vitaminen A, C und Folsäure punkten. Auch die sekundären Pflanzenstoffe wie Carotinoide oder Flavonoide sind förderlich für das menschliche Herz-Kreislauf-System. Wie nährstoffreich ein Salat ist, hängt von der Sorte ab. Besonders Endivien und Radicchio gelten als vitamin- und mineralstoffreich.

Aussaat und Pflanzen

Salat benötigt zum Keimen viel Licht. Daher sollte er nach der Aussaat nur mit einer dünnen Schicht Erde bedeckt werden. Vorgezogene Setzlinge sollten nicht zu tief eingepflanzt werden, da sich sonst die Blätter nicht richtig entwickeln können. Die meisten Salatsorten sind genügsam, wenn es um den Boden geht.

Alte Sorten

Alte Sorten wie der Hirschhornwegerich sind derzeit wieder stark im Kommen. Seine Blätter erinnern an ein Geweih und können jung als Salat oder wie Spinat zubereitet werden. Hirschhornwegerich ist etwas milder als Rucola und schmeckt leicht nussig. Der Blutampfer ist mit seinen roten Adern auch optisch attraktiv. Sein Geschmack ist leicht säuerlich. Der Forellenschluss gehört zu den Bindesalaten, die, mit einem Faden zusammengebunden, ein besonders zartes Herz hervorbringen.

Schneckenbefall

Nacktschnecken gehören zu den größten Feinden des Blattwerks. Gerade in feuchten Sommern fallen sie häufig über das zarte Grün her. Rotblättrige Sorten hingegen mögen die Kriechtiere nicht so gern. Um die Schädlinge ökologisch zu bekämpfen, gibt es unterschiedliche Tipps. Das Absammeln gehört zu den effektivsten Methoden. Auch biologisch abbaubares Kleintierstreu, großflächig auf dem Beet verteilt, eignet sich, um den Schnecken den Weg zu erschweren. Als Barrieren eignen sich auch Schneckenzäune. Diese müssen das ganze Beet umschließen, mindestens fünf Zentimeter tief in der Erde sitzen und es dürfen keine Blätter überstehen. Alternativ können auch andere Leckerbissen wie Studentenblumen gepflanzt werden, in der Hoffnung, dass sich die Schnecken daran satt fressen.

Sexy Gemüse

JUNI

83
Blumenkohlsalat mit gegrilltem Gemüse-Tofu-Spieß

84
Roastbeef vom Wasserbüffel

87
Berliner Aprikosen-Tarte-Tatin

90
Erdbeer-Bohnen-Salat

89
Linda Lezius
Wild & Root

93
Christoph Lenzen
Der Blumenstand

95
Anders einkaufen
Auf direktem Weg zum regionalen Produkt

Für 4 Portionen:

Für den Salat
- 1 Blumenkohl
- 8 Stangen grüner Spargel
- 2 Frühlingszwiebeln
- 8 Radieschen
- 1 Prise Zucker
- 3 EL gehackte Petersilie
- 2 EL gehackten Schnittlauch
- Salz und Pfeffer

Für das Dressing
- 1 EL Senf
- ½ EL Agavendicksaft
- 2 EL Olivenöl
- 1 Zitrone (den Saft davon)

Für den Gemüse-Tofu-Spieß
- 500 g Champignons
- 2 kleine Zucchini
- 2 Knoblauchzehen
- 3 EL Sojasauce
- 3 EL Olivenöl
- 1 EL Agavendicksaft
- 1 TL Thymian
- 350 g geräucherter Tofu
- Holzspieße

Blumenkohlsalat mit gegrilltem Gemüse-Tofu-Spiess

Alexander Flohr ist Pflastermeister in Brandenburg. Für seinen Beruf braucht er Kraft und die bekommt er aus rein pflanzlicher Ernährung. Das war nicht immer so. Vor Jahren wog Alexander 130 Kilo und fühlte sich schlapp. Er fing an, auf tierische Produkte zu verzichten und stellte bald ganz auf vegan um, was ihm sichtlich gut bekommt. Gesund und kalorienarm ist entsprechend auch sein Salat aus frischem Blumenkohl, der nur kurz angebraten wird und zusammen mit frischen Kräutern und den Gemüsespießen jede Menge Mineralstoffe, Vitamin C und das für die Blutgerinnung wichtige Vitamin K liefert.

ZUBEREITUNG

• Salat

Den Blumenkohl waschen, sehr fein schneiden und für ca. 2 bis 3 Minuten in Olivenöl und mit je einer Prise Salz und Zucker scharf anbraten. Anschließend abkühlen lassen. Er soll dabei nur Farbe bekommen und nicht durchgaren. Spargel, Frühlingszwiebeln und Radieschen waschen und alles in sehr feine Ringe/Scheiben schneiden. Alle Salatzutaten, inklusive der Kräuter, miteinander vermengen.

• Für das Dressing ebenfalls alle Zutaten miteinander verrühren und ca. 5 Min. vor dem servieren unter den Salat heben.

vegan

• Gemüse-Tofu-Spieß

Die Champignons waschen und den Stiel entfernen. Die Zucchini waschen und in 5 mm dicke Scheiben schneiden. Den Knoblauch in eine Schüssel pressen, Sojasauce, Olivenöl, Agavendicksaft sowie den Thymian hinzufügen und miteinander verrühren. Anschließend die Champignons und Zucchini unterheben und für mindestens 1 Stunde marinieren.
In der Zwischenzeit den Tofu abtropfen lassen und in ca. 4 cm große Quadrate (3 mm dick) schneiden. Das marinierte Gemüse abwechselnd mt dem Tofu auf die Spieße stecken und in einer Grillpfanne in etwas Olivenöl von allen vier Seiten angrillen.

• Alles zusammen anrichten, mit frisch gemahlenem Pfeffer bestreuen und servieren.

ROASTBEEF vom Wasserbüffel

In der Döberitzer Heide bei Potsdam leben die Wasserbüffel der Familie Querhammer. Das ganze Jahr über bleiben die Tiere draußen auf der Weide. Sie fressen das, was dort wächst, und sind nebenbei mit ihren Hörnern und Hufen noch die besten Landschaftspfleger. Nur alle paar Monate wird geschlachtet und so ist das Roastbeef vom Wasserbüffel wirklich etwas Besonderes. Gastrosophin Katrine Lihn aus Potsdam bereitet dazu eine Remoulade, wie sie ihre Omi Martha machte. Dafür werden die gekochten Eigelbe mit Joghurt verrührt, was der Remoulade eine schöne Farbe gibt.

ZUBEREITUNG

- Das Fleisch falls notwendig von Sehnen befreien und mit Küchenpapier gut trocknen. In einer Pfanne mit Öl und Butter von beiden Seiten anbraten – nicht zu heiß, nur so, dass die Haut eine leichte Kruste bekommt.
- Den Backofen auf 160 Grad Ober- und Unterhitze vorwärmen und das Fleisch ca. 50 Min. garen. Ein Fleischthermometer kann hilfreich sein.
- Danach das Roastbeef in Alufolie wickeln und 5–10 Min. ruhen lassen. Dann anschneiden; erst jetzt leicht salzen: Der Eigengeschmack des Fleisches ohne Gewürz ist großartig!
- Remoulade

Die Eier in kaltem Wasser aufsetzen und zehn Minuten kochen. Etwas abkühlen lassen, pellen, halbieren. Drei Eigelbe in eine Schüssel geben und mit dem Joghurt aufschlagen, sodass dieser schön gelb wird. Mit Senf und Salz abschmecken.
Nach Geschmack Petersilie oder Schnittlauch hacken und dazu geben.
Dazu passen auch Gewürzgurken, das macht die Remoulade etwas frischer.

- Als Beilage eignen sich Ofenkartoffeln und glasierte Möhrchen.

Fleisch

Für 4 Personen:

- 800–1000 g Roastbeef vom Potsdamer Wasserbüffel
- 2 EL Öl
- 1 EL Butter
- Salz, Pfeffer

Das Stück zwischen Hochrippe und Hüfte ist das begehrte Roastbeef. Aus der Pfanne oder aus dem Ofen ist es sowohl heiß als auch kalt serviert eine Delikatesse. Für eine rosane Farbe und zartes Wohlgefallen ist eine Kerntemperatur von 53 Grad anzustreben.
Pro Person als Hauptgericht gelten beim Fleisch als Durchschnittsmenge 200 bis 250 g, bei einem größeren Menü reichen jedoch 150 bis 180 g aus.

Remoulade

- 6 Eier
- 500 g Joghurt
- 2 TL Senf
- Salz
- Schnittlauch oder glatte Petersilie und Gewürzgurken nach Belieben

süß

Für 4 Personen:

Für die Tarte
- 10 reife Aprikosen
- 300 g Blätterteig (TK)
- 30 g Butter
- 100 g brauner Zucker
- 5 EL Lindenhonig aus Berlin oder Brandenburg
- Weißwein, z. B. Saale-Unstrut
- Pfirsichlikör
- 150 g Haselnusskerne

Für die Crème
- 300 g Crème fraîche
- 2 Bund frischer Zitronenthymian
- Lindenhonig nach Belieben
- Ahornsirup nach Belieben
- Evtl. Aprikosenmarmelade

Berliner Aprikosen-Tarte-Tatin

Es begann mit einem Malheur im Hause Tatin. Ein Apfelkuchen fiel kopfüber auf den Boden. Die betagten Schwestern Tatin sammelten ihn wieder auf, bedeckten das Obst mit Teig und schoben das Ganze erneut in den Backofen. So soll die Tarte Tatin entstanden sein. Klassisch wird dieser »umgedrehte« Kuchen mit Äpfeln belegt. Doch ab Ende Juni haben Aprikosen Saison und bringen Abwechslung in das Angebot. Außerdem ist das Steinobst besonders reich an Beta-Karotin, das die Sehkraft stärkt und für eine gesunde, schöne Haut sorgt.

ZUBEREITUNG

- Den Blätterteig auslegen und je nach verwendeter Form ausrollen. Ein wenig Blätterteig zur Verstärkung des Teigrandes zurückbehalten. Blätterteig kühlstellen und den Ofen auf 190 Grad vorheizen.
- Nüsse fein hacken und in einer Pfanne bei mittlerer Hitze ohne Zugabe von Fett rösten.
- Die Aprikosen waschen, halbieren und entsteinen.
- In einer Pfanne (oder Tarte-Tatin-Form) den Zucker erhitzen. Wenn er anfängt zu schmelzen, ganz langsam einen Schuss Weißwein und einen Schuss Pfirsichlikör dazugeben und den Zucker unter rühren karamellisieren. Dann die Butter zugeben und glattrühren.
- Die halbierten Aprikosen mit der Schnittseite nach oben sehr dicht in der Pfanne auf dem Karamell verteilen, mit Honig beträufeln, ein paar Butterflöckchen auflegen und mit der Hälfte der gehackten und gerösteten Haselnüsse bestreuen. Den Blätterteig als Deckel über die Aprikosen in der Pfanne legen und am Pfannenrand fest nach innen drücken. Mit den restlichen Teigstreifen den Rand verstärken und zum Schluss den Teigdeckel mit einer Gabel an zahlreichen Stellen einstechen.
- Die Tarte im vorgeheizten Ofen bei 190 Grad etwa 30 Min. backen, bis der Blätterteig goldbraun ist.
- In der Zwischenzeit die restlichen Haselnüsse hacken. Den Zitronenthymian waschen, trocknen und abzupfen. Die Crème fraîche mit dem Zitronenthymian verrühren, Ahornsirup und Honig nach Belieben dazugeben.
- Nach der Backzeit die Pfanne samt Tarte für etwa 5 Min. ruhen lassen. Dann die Aprikosentarte auf eine Platte stürzen. Honig und geröstete Haselnüsse darübergeben.
- Die Tarte mit der Thymian-Crème anrichten. Teller nach Belieben zusätzlich mit frischen Aprikosenspalten und Aprikosenmarmelade dekorieren.

LINDA LEZIUS

Wild & Root

m Klosterhof von Kyritz steht eine lange, weiß gedeckte Tafel. Linda Lezius von der Event-agentur »Wild & Root« stellt Kornblumen in Vasen und legt frisch gebackenes Brot auf die Tische. Bald kommen die Gäste, die sich für das Eventdinner angemeldet haben. Linda Lezius organisiert interaktive Esserlebnisse für Unternehmen, aber auch offene Veranstaltungen. Die Idee dazu hatte sie noch als Design-Studentin, als sie in die Lausitz fuhr und feststellte, dass viele gar nicht wissen, welches Potential die Region bietet, welche Lebensmittel dort hergestellt werden und welcher Wert darin steckt. Für seine Dinner verwendet »Wild & Root« daher ausschließlich Produkte aus der Region. »Wir möchten die Wertschätzung für genussvolles, bewusstes und regionales Essen im Sinne der Slow Food-Bewegung zurück in den Alltag holen und dadurch lokale Produzenten stärken«, beschreibt die Geschäftsführerin die Idee hinter »Wild & Root«.

Für das Klosterdinner hat sich Linda Lezius etwas Neues ausgedacht: Vor dem ersten Gang werden die Hände der Gäste aneinander gebunden. Der Salat liegt auf Pergamentpapier vor ihnen auf dem Tisch und nur, wenn sie aufeinander achten, können sie ihn auch essen. »Die Gäste sollen miteinander kommunizieren. Wir möchten, dass sie das gemeinsame genussvolle Essen wieder entdecken.«

In Kyritz klappt das gut, es wird viel gelacht, schnell kommen alle ins Gespräch. Genau so hat sich Linda Lezius das vorgestellt und schaut bei Koch Oliver Fritz nach dem nächsten Gang. Der bereitet gerade ein Champignon-Carpaccio zu, dazu einen Salat aus Bohnen, Spargel, Erdbeeren und Minze und ein Kartoffelpüree. Das bestreut Linda Lezius mit Calendula-Blütenblättern, auf die Champignons kommen lila Schnittlauchblüten und Salbeiblüten auf den Salat. Denn der Abend steht unter dem Thema »Essbare Blüten«. Auch diese, so die Gründerin von »Wild & Root«, sind ein Beispiel für die vergessenen Potentiale, die quasi vor der Haustür wachsen: »Viele wissen gar nicht, dass wir sie essen können und welche Heilkräfte in ihnen stecken, dass sie bei Kopfschmerzen oder Verdauungsstörungen und gegen Bauchschmerzen helfen.«

Wild & Root
www.wildandroot.com
www.facebook.com/wildandroot

Erdbeer-Bohnen-SALAT

ZUBEREITUNG

- Erdbeeren putzen und halbieren, mit grobem Meersalz und Pfeffer bestreuen und mit Limettensaft, Limettenzeste und Olivenöl abschmecken.
- Brechbohnen und breite Bohnen in Salzwasser blanchieren.
- Die Butter langsam erhitzen, bis sie eine helle Karamellfarbe annimmt, und in ein neues Gefäß füllen. Die blanchierten Bohnen mit der flüssigen, gebräunten Butter und dem gehackten Bohnenkraut in der Pfanne schwenken und etwas erhitzen.
- Den rohen Spargel in feine Streifen hobeln. Alle Zutaten zusammen geben und je nach Geschmack Minze und Basilikum als ganze Blätter untermischen.

Für das Dressing

1 gegarte rote Bete mit etwas Gemüsefond zu einer feinen Masse pürieren und mit Salz, Zucker, Essig und Pfeffer abschmecken. Unter ständigem Mixen Öl dazu geben, bis das Dressing dickflüssig wird. Dressing über den Salat geben und mit Salbeiblüten bestreuen.

Für 4 Personen:

- 200 g breite Bohnen
- 200 g Brechbohnen
- 200 g Erdbeeren
- 5 Stangen Spargel
- 100 g Butter
- 1 Bund Bohnenkraut
- 1 Bio-Limette
- Minze und Basilikum
- Salz, Pfeffer
- Olivenöl
- Salbeiblüten

Rote-Bete-Dressing

- 1 Rote Bete
- 100 ml Gemüsefond
- 1 EL Essig
- Olivenöl (bis das Dressing dick wird)

Rezept Oliver Fritz, Wild & Root

CHRISTOPH LENZEN & ULRIKE ANDERER

Der Blumenstand

»Wenn ich den Tag anfange, weiß ich genau, worauf ich keine Lust habe: Am Computer sitzen und mit dem Auto Ware ausfahren. Wenn ich gut bin, schaffe ich das in einer gewissen Zeit, damit ich abends noch in Ruhe im Garten hacken kann, das finde ich klasse.« Zu hacken gibt es genug im großen Garten von Christoph Lenzen und seiner Frau Ulrike Anderer in Kloster Zinna. Auf 6.000 Quadratmetern blüht gerade der Mohn, die Kornblumen leuchten blau und in der Reihe daneben stehen gelbe Margeriten. In Gewächshäusern werden Topfpflanzen und Kräuter gezogen.

Kurz nach der Wende kauften die beiden das Gelände im Fläming und bauten ihren Betrieb auf. Heute wachsen hier rund 150 Sorten Schnittblumen und etwa 100 verschiedene Topfpflanzen und Kräuter, die sie auf Märkten in Berlin verkaufen oder damit den Blumenschmuck für Hochzeiten und andere Feste gestalten. Alles ist kontrolliert biologisch, das heißt, der Betrieb verwendet keinen Kunstdünger und keine Pestizide.

Dadurch, dass die Blumen bio-zertifiziert sind, ist auch Linda Lezius auf ihn aufmerksam geworden. In der Markthalle 9 in Kreuzberg, wo Christoph Lenzen einen Blumenstand betreibt, haben sie sich kennengelernt. Linda Lezius suchte essbare Blüten für ihre interaktiven Dinnerabende, die sie mit ihrer Firma »Wild & Root« organisiert. Heute ist sie raus nach Kloster Zinna gefahren, um Nachschub zu holen. »Vom Geschmack her sind die Blüten sehr unterschiedlich. Schnittlauch und Salbei sind sehr intensiv, da kann man ein Gericht noch unterstützen. Calendula und Kornblume sind hauptsächlich für die Dekoration und das Auge«, erklärt Linda Lezius.

Bei aller Experimentierfreude ist jedoch auch Vorsicht geboten: Viele Gartenblumen – wie zum Beispiel Fingerhut oder Maiglöckchen – sind giftig. Deshalb sollte man nur Blüten essen, die man genau kennt und von denen man ganz sicher weiß, dass sie essbar sind.

Hier finden Sie die Blumen von Christoph Lenzen und Ulrike Anderer:

Markt auf dem Chamissoplatz
Samstag 9–15 Uhr

Markthalle 9, Eisenbahnstraße 42/43,
Freitag 10–20 Uhr, Samstag 10–18 Uhr

Telefon: 01578-465 19 74 oder 03372-40 63 30
info@derblumenstand.de

Auf direktem Weg zum regionalen Produkt

Regionale Produkte gibt es oft nicht in den großen Supermarktketten oder es ist schwierig, sie zu identifizieren. Dabei gibt es gerade in Berlin und Brandenburg vielfältige Möglichkeiten, um Produkte aus der Umgebung zu beziehen. Einige Online-Plattformen helfen bei der Suche nach Lebensmitteln von nebenan.

Marktschwärmer

»Gib deinem Bauern die Hand.« So lautet das Motto der Onlineplattform Marktschwärmer. Als Kombination aus Online-Shop und Bauernmarkt bringt das Portal Kleinbauern und ihre Abnehmer ohne Umwege zueinander. Bei dieser Form der Direktvermarktung stellen die Lebensmittelproduzenten ihre Produkte auf der Internetseite online. Das Angebot reicht von Obst und Gemüse bis zu Fleisch oder Milch. Die Kunden wählen aus dem Angebot ihre Waren aus, bestellen und bezahlen über die Webseite. Die Lieferung erfolgt dann durch die Erzeuger an einem bestimmten Tag an einen bestimmten Standort. Für beide Seiten hat das große Vorteile: Die Kunden wissen genau, woher ihr Essen kommt, und die Bauern ernten nur, was sie auch tatsächlich verkaufen. Dadurch kommen dann auch faire Preise zustande.

www.marktschwaermer.de

Bei mir um die Ecke

Viele kleine Manufakturen stellen in liebevoller Handarbeit qualitativ hochwertige Lebensmittel her. Vom selbstgerösteten Kaffee über die Marmeladenmanufaktur bis hin zu regional gebranntem Whisky reicht das Spektrum. Doch viele potentielle Kunden wissen das oft gar nicht. So ging es auch Felix und Markus Kosel, die 2012 einen Laden eröffneten, in dem sie regionale Produkte verkaufen wollten. Die aufwändige Suche nach regionalen Anbietern brachte sie auf die Idee, eine eigene Webseite mit eben diesen Informationen zu erstellen. Herausgekommen ist eine deutschlandweite Onlineplattform von regionalen Produzenten und Lebensmittelhandwerkern. Nutzer können sich auf einer Karte anzeigen lassen, welche Produzenten sich in Wohnortnähe befinden oder sie wählen in Kategorien aus, wonach genau sie suchen. Auch das Stöbern auf der Webseite kann sich lohnen. Denn erst so stellt sich heraus, was alles in unserer Nachbarschaft hergestellt wird.

www.bei-mir-um-die-ecke.de

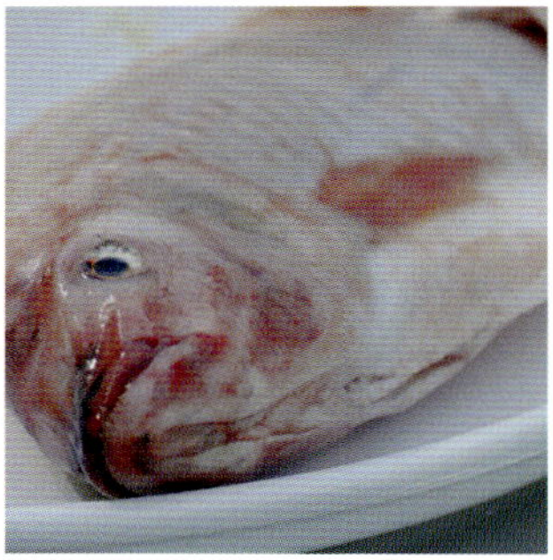

zibb

zibb
zibb

JULI

99
Hauptstadtbarsch auf Schmorgurke

100
Kaninchenfilet mit Erbsenmousse

103
Beeren-Eis mit Käsekuchencreme und Butterbröseln

106
Original Berliner Buletten

104
Juliane Gerroldt
Schillerbackstube

107
Thorsten Pannek
Pannek sein Budike

109
Pflanzen wässern
Die besten Tipps für nasse und trockene Sommer

Hauptstadtbarsch AUF SCHMORGURKE

Er ist ein echter Berliner, der Hauptstadtbarsch. Gezüchtet wird er auf einer der größten innerstädtischen Aquaponikfarmen in der alten Mälzerei in Tempelhof, der ECF Farm Berlin. Hier stehen große Becken, in denen die Buntbarsche aufwachsen. Durch ihre Ausscheidungen entsteht nährstoffreiches Wasser, das im angeschlossenen Hydroponik-Kreislauf Gemüse, Kräuter oder Salat düngt – ohne Pestizide, Antibiotika oder Gentechnik. Inzwischen bietet auch eine große Supermarktkette Hauptstadtbarsch und Hauptstadt-basilikum aus Schöneberg an.

Für 4 Personen:

- 2 Hauptstadtbarschfilets
- 2 Eier
- 150 g Mehl
- 125 ml helles Bier
- Sonnenblumenöl zum Frittieren
- 2 Schmorgurken
- 2 Schalotten
- 1 Bund Dill
- 200 g Crème fraîche
- Weißweinessig
- 100 g magerer Speck
- 50 ml Sahne
- 200 ml Milch
- Salz, Pfeffer

ZUBEREITUNG

- Die Eier trennen und das Eigelb mit dem Mehl, Bier und etwas Salz verrühren und 10 Min. quellen lassen. Den Speck in große Würfel schneiden, ohne Fett in einem kleinen Topf anschwitzen und dann mit der Sahne ablöschen. Das Ganze 15 Min. ziehen lassen.
- Die Fischfilets enthäuten und in dicke Streifen schneiden, salzen, pfeffern und in Mehl wenden. Die Eiweiße mit etwas Salz schaumig aufschlagen. Das Eiweiß unter den Bierteig heben, dann die Fischstreifen durch den Teig ziehen und im Sonnenblumenöl bei 180 Grad goldbraun ausbacken. Auf Küchenpapier das überschüssige Fett abtropfen lassen.
- Die Gurken schälen, vom Kerngehäuse befreien und mit einem Sparschäler in lange Streifen schneiden. Die Schalotten in feine Würfel schneiden und in etwas Fett farblos anschwitzen. Die Gurken hinzugeben und kurz durchschwenken. Etwas Balsamico und Crème fraîche hinzugeben und mit Zucker, Salz und Pfeffer abschmecken. Kurz vor dem Servieren den gehackten Dill dazugeben.
- Die Sahne-Speck-Mischung durch ein Sieb geben und die Milch hinzugeben. Die Sauce vor dem Servieren mit einem Pürierstab aufschäumen.

Fisch

KANINCHENFILET mit Erbsenmousse

Während Kaninchenfleisch früher als »Arme-Leute-Essen« galt, leistet es heute einen wertvollen Beitrag zur fettarmen Ernährung. Es enthält wenig Cholesterin, versorgt den Körper mit ungesättigten Fettsäuren und hat von allen Fleischsorten den höchsten Eiweißgehalt. Unser Kaninchenfilet kommt aus einem Familienbetrieb in Beelitz und kann auch online bestellt werden. Typisch für die Berliner Küche ist auch das Erbsenmousse, das die beiden Hobbyköche Marko Dietrich und Anna Peinze aus grünen Erbsen zubereiten.

ZUBEREITUNG

- Die Erbsen in einen Topf geben und in gesalzenem Wasser ca. 15 Min. kochen.
- Für den Coleslaw den Spitzkohl vom Strunk befreien und in feine Streifen schneiden, die Äpfel vierteln, vom Kerngehäuse befreien und in Scheiben schneiden. Nun den Spitzkohl in einer Pfanne mit etwas Öl kurz andünsten. Den Kohl in eine Schüssel geben und mit den Äpfeln vermengen. Je nach Größe des Kohls die Menge der Äpfel so anpassen, dass ein Mischungsverhältnis von etwa 50:50 entsteht. Mit Salz, Pfeffer, Zitronensaft und Olivenöl abschmecken und kalt stellen.
- Den Balsamico mit einem EL Honig in einen Topf geben und auf mittlerer Hitze einkochen lassen, bis eine leicht dickflüssige Konsistenz entsteht. Das Kaninchenfilet leicht salzen und in einer Pfanne mit etwas Öl anbraten. Die Kräuter mit einem Messer andrücken und ebenfalls mit in die Pfanne geben.
- Die Erbsen abgießen und mit der Sahne oder Crème fraîche und etwas Zitronensaft pürieren. Anschließend mit Salz und Pfeffer würzen.
- Zum Anrichten die Erbsenmousse auf einen Teller streichen, etwas Coleslaw hinzugeben, darauf das Filet legen und mit der Reduktion beträufeln. Zum Schluss mit etwas Kresse bestreuen.

Für 4 Personen:

- 500 g Kaninchenfilet
- 500 g tiefgekühlte Erbsen
- 200 ml Crème fraîche oder Sahne
- ½ Spitzkohl
- 2 Äpfel
- 2 Zitronen
- 200 ml Balsamico
- 2 EL Honig
- 1 Zweig Rosmarin und Thymian
- Kresse
- Salz, Pfeffer, Öl zum Braten

Fleisch

Beeren-Eis mit KÄSEKUCHENCREME UND BUTTERBRÖSELN

Sommer ist Hochsaison für Beeren. Heidel-, Johannis-, Stachel- oder Himbeeren – die Auswahl ist riesig. Doch Beerenobst schmeckt nicht nur gut, es bietet auch einen hohen Gehalt an Vitaminen sowie reichlich Ballaststoffe, die die Darmtätigkeit fördern. Gleichzeitig besitzen Beeren eine Vielzahl sekundärer Pflanzenstoffe wie Flavonoide und Anthocyane, die antiviral, antioxidativ, entzündungshemmend und blutdruckregulierend wirken. Da dürfen Käsekuchencreme und Butterbrösel ruhig auch etwas gehaltvoller ausfallen.

ZUBEREITUNG

- Quark mit Zitronenschale, etwas Zitronensaft und Vanillezucker abschmecken und bis zum Servieren kühl stellen.
- Die Beeren halbieren oder vierteln und mit dem Holunderblütensirup marinieren. Die tiefgekühlten Früchte mit dem Joghurt mixen bis ein cremiges Eis entstanden ist. Gegebenenfalls noch mal in den Tiefkühler geben.
- Alles auf einem Teller anrichten und mit dem Basilikum dekorieren.

Für 4 Personen:

- 300 g gemischte, frische Beeren
- 50 ml selbstgemachten Holundersirup
- 300 g gemischte, tiefgekühlte Beeren
- 100 g Joghurt
- 200 g Quark
- 1 Bio-Zitrone
- Zucker
- Vanillezucker
- 100 g Butterbrösel
- Basilikum zum Dekorieren

süß

JULIANE GERROLDT

Schillerbackstube

»Sonntags steht hier sogar eine Schlange«, sagt Juliane Gerroldt und ist selbst ein bisschen verwundert, wie gut die frischen Brötchen und Brote bei den Kunden ankommen. Die Berlinerin gehört zu den Gründern des Schiller-Imperiums, so könnte es mittlerweile fast heißen.

Der Ursprung der Bäckerei war kurioserweise ein Burger-Laden: Schillerburger, im Jahr 2012 eröffnet. Für die hochwertigen Fleischklopse fanden sich keine ordentlichen *Buns*, wie die Brötchen heißen, in die die Burger kommen. Der Gedanke war schnell da und auch nur wenig später in die Tat umgesetzt: Wir backen einfach selbst. Am Ende desselben Jahres wurde dann die eigene Bäckerei eröffnet. Zusammen mit Bäckermeister Thomas Rateitschak wurden die perfekten Burgerbrötchen entwickelt. Schnell kamen weitere Backwaren hinzu.

Auf das *Crafting*, also das Zurückgreifen auf altbewährte Herstellungsmethoden, wird in der Schillerbackstube heute besonderer Wert gelegt, denn Industrieware passt einfach nicht ins Konzept. Also wird auf traditionelle Weise gebacken. Vier Bäcker stellen jede Nacht mehrere tausend Brötchen und ein paar hundert Brote her, darunter auch saisonale Ware wie das Sauerkrautbrot, das im Herbst wieder in die Auslage kommt. Das Handwerk ist Juliane Gerroldt wichtig. Nur so können sie sich von den preiswerten Fertigbackwaren der Konkurrenz absetzen. Dazu gehört auch der regionale Aspekt. So stammt das Mehl, das sie verwenden, aus einer brandenburgischen Mühle.

Benannt ist die Bäckerei nach dem Neuköllner Schillerkiez, in dem alles seinen Anfang nahm. Inzwischen gibt es aber in ganz Berlin Filialen. Neben Brot und Brötchen gibt es auch ein saisonales Kuchenangebot und eine kleine Mittagskarte.

Schillerbackstube
Herrfurthstraße 7, 12049 Berlin
www.schillerbackstube.com

Original BERLINER BULETTEN

Die Bulette oder Boulette gehört seit der Besetzung Berlins durch Napoleons Truppen zu den Klassikern der hiesigen Küche. Die Rezepte dafür sind so unterschiedlich wie die Menschen, die sie gern essen. Das Besondere an der Berliner Variante ist die leichte Panade, welche die Bulette außen etwas kross und innen schön fluffig werden lässt.

ZUBEREITUNG

- Den alten Schusterjungen in etwas Milch einweichen. Die Zwiebeln schälen und in feine Würfel schneiden. Währenddessen die Butter in einer Pfanne erhitzen und die Zwiebeln darin anschmoren.
- Den Schusterjungen gut ausdrücken und zusammen mit dem Hackfleisch, den Zwiebeln, einem Ei, Salz, Pfeffer und Muskat in einer Schüssel gut vermischen und nach Belieben abschmecken. Den Teig gute zehn Minuten ruhen lassen und dann in die gewünschte Portionsgröße teilen.
- Das zweite Ei auf einem Teller verquirlen. Das Paniermehl, am besten selbst gerieben oder beim Bäcker gekauft, auf einen weiteren Teller geben. Das Butterschmalz in einer Pfanne auf mittlerer Stufe erhitzen. Den vorgeformten Fleischteig zuerst in das gequirlte Ei und dann im Paniermehl wälzen. Das überschüssige Paniermehl abklopfen die panierten Fleischteiglinge in die Pfanne geben und von beiden Seiten durchbraten. Die Buletten zu guter Letzt mit Küchenkrepp abfetten und warm oder kalt genießen. Ein idealer Begleiter dazu ist ein Berliner Kartoffelsalat mit Gemüsebrühe statt Mayonnaise.

Für 4 Personen:

- 1 alter Schusterjunge
- 2 kleine Zwiebeln
- 20 g Butter
- 500 g gemischtes Hackfleisch
- 2 Eier
- Milch
- Meersalz
- Pfeffer (frisch gemahlen)
- Muskat (frisch gemahlen)
- Paniermehl
- 50 g Butterschmalz

Rezept Thorsten Pannek, Pannek seine Budike

THORSTEN PANNEK

Pannek seine Budike

Der rote Foodtruck rollt auf den Hof. Thorsten Pannek ist an diesem Sommertag auf einem Street Food Festival. Die Fahrerei gehört dazu, ebenso wie das ständige Ein- und Auspacken. Trotzdem hat er sich mit dem eigenen Truck einen Traum erfüllt. Der gelernte Zimmermann hatte Karriere als Barkeeper in der Berliner Gastronomieszene gemacht, doch irgendwann verlor das seinen Reiz.

Inspiriert von den Märkten und Essensständen, die Thorsten Pannek auf seinen Reisen durch Asien so gern gegen den Hunger ansteuerte, kam ihm die Idee, selbst einen Foodtruck zu betreiben. Unsicher, ob er wirklich jeden Tag mit dem Kochen verbringen will, verordnete er sich zunächst selbst eine Probezeit. Er arbeitete für ein Jahr in der Küche eines Restaurants und stellte am Ende fest, dass es ihm Spaß macht.

Der Truck war bald gefunden und umgebaut. Eisbeinwagen nennt er sein Gefährt nun. Das Konzept war auch klar. Schon als Barkeeper hat sich der gebürtige Neuköllner mit regionalen Spezialitäten beschäftigt. Das wollte er auch beim Kochen umsetzen, denn die Berliner Küche wird sehr unterschätzt, wie er sagt. Altberliner Gerichte stehen nun auf der Speisekarte: vom Eisbeinsandwich über Buletten bis hin zum kalten Gurkensüppchen. Sein Geheimnis beim Kochen ist es, nichts zu verschwenden. In sein Erbsen-Senf-Püree kommt deshalb kein Wasser, sondern die Eisbeinbrühe; mit dem Sud der Knacker wird das Sauerkraut eingekocht – eben so, wie es früher üblich war.

Regionalität ist ihm wichtig und zwar nicht nur auf der Speisekarte, sondern auch bei den Zutaten, die er verwendet. Er hat sich kleine, handwerkliche Unternehmen aus der Umgebung gesucht, von denen er Fleisch, Sauerkraut und seine Original Berliner Schusterjungen bezieht.

Pannek seine Budike
www.pannek-seine-budike.berlin

PFLANZEN WÄSSERN

Die besten Tipps für nasse und trockene Sommer

Die Pflanzen leiden im Juli meist unter Hitze und Trockenheit – deshalb ist das Thema Gießen jetzt besonders wichtig.

Auf die Wurzel kommt es an

Pflanzen lassen sich in Flach-, Mittel- und Tiefwurzler unterteilen. Flachwurzler brauchen besonders häufig Wasser, denn die Erdoberfläche trocknet viel schneller aus als die tieferen Erdschichten. Zu den Flachwurzlern gehören z. B. Salat, Sellerie, Porree und Spinat. Pflanzen, die ihre Wurzeln bis zu einem halben Meter in die Erde stecken, zählen zu den mittellangen Wurzeltypen. Zu ihnen gehören z. B. Kohlrabi, Bohnen, Gurken und Paprika. Da diese Pflanzen auch Wurzeln in den oberen Erdschichten haben, brauchen sie ebenfalls regelmäßig Wassernachschub. Tiefwurzelnde Gemüsepflanzen machen hohe Temperaturen nur wenig aus, weil sie ihr Wasser aus den tieferen Bodenschichten ziehen. Bis zu 1,20 Meter reichen die Wurzeln bei Tomaten, Rote Beete und Kürbis in die Erde. Hier können auch ein paar Tage Pause zwischen den Gießeinheiten liegen.

Richtiges Gießen

Ob Pflanzen Wasser brauchen, zeigt der Fingertest. Bleibt Erde am Finger kleben, haben sie noch genug Feuchtigkeit. Bleibt der Finger trocken, muss bewässert werden. Ideal ist es, wenn der Boden im Abstand von einigen Tagen durchdringend gewässert wir. Als Faustregel gilt 10 bis 15 Liter Wasser pro Quadratmeter. Zuviel Wasser kann die Pflanzen anfällig für Pilzbefall machen. Ist das Beet, z. B. durch langen ausdauernden Regen zu feucht, sollte der Boden gelockert werden, damit es nicht zu Fäulnis kommt. Aufgefangenes Regenwasser eignet sich am besten zum Gießen. Es enthält keine Mineralien, die den Nährstoffhaushalt im Boden beeinträchtigen können.

Die beste Gießzeit ist der Vormittag, bevor Hitze zu hohen Verdunstungsverlusten führt. In der Sonne können Tropfen auf den Blättern übrigens zu Verbrennungen an den Pflanzen führen. Wer abends gießt sollte die Blätter und Blüten ebenfalls trocken lassen. Sonst können sich Pilzkrankheiten breit machen.

Der Weltacker

Auf der Welt gibt es 1,4 Milliarden Hektar Ackerfläche und mehr als 7 Milliarden Menschen. Das heißt, dass jedem einzelnen Menschen derzeit 2.000 Quadratmeter Fläche zur Verfügung stehen, durch die er versorgt werden muss mit Lebensmitteln, Futter für Tiere, Baumwolle für Kleidung und Bio-Kraftstoff. Der Weltacker zeigt, dass genug für alle da ist – aber nur, wenn gerecht geteilt wird. In der Realität verbraucht jeder Europäer fast ein Drittel mehr von dem, was ihm eigentlich zusteht. Hier wird aber auch gezeigt, was so auf der Welt angebaut wird. Und da ist über die Hälfte mit vier Früchten bestellt: Weizen, Mais, Reis und Soja.

Mehr Infos:
www.2000m2.eu

zibb
zibb
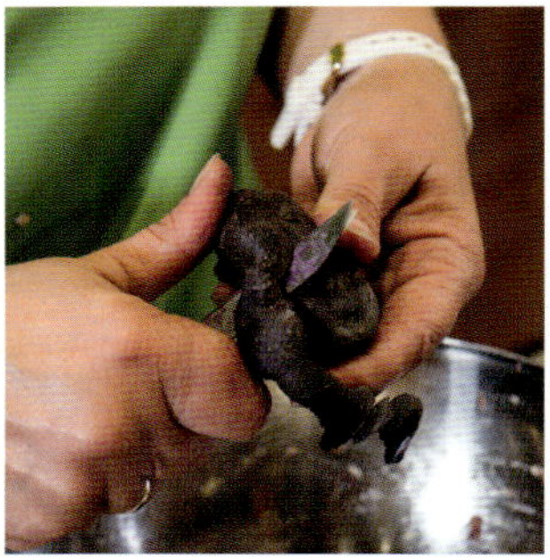

zibb

zibb

zibb

AUGUST

113 Kürbiscremesuppe mit Hackbällchen

114 Gefüllte Zucchinischiffchen

117 Birnen-Kokos-Kuchen

118 Rinder-Rippchen

119 Marco Essmaili
Blackbeards

121 Sven Ohly
Lieblingsrind

123 Wissenswertes über Wildfleisch
Und eine passende Marinade von Kolja Kleeberg

zibb

Kürbiscremesuppe
MIT HACKBÄLLCHEN

Gekocht, frittiert oder eingelegt – Kürbis kann vielseitig verarbeitet werden. Der Klassiker aber ist die Kürbissuppe. Carola Eberhardt verwendet Hokkaidokürbisse aus dem eigenen Garten. Diese Sorte kann mit Schale verzehrt werden. Wem es zu anstrengend ist, den Kürbis roh in kleine Würfel zu zerteilen, kann ihn auch als Ganzes im Ofen garen und dann, schön weich, bequem zerteilen. Reif sind Kürbisse übrigens, wenn sie eine satte Farbe und keine grünen Stellen mehr haben. Die Schale sollte bei Druck nicht nachgeben. Wichtig ist auch der Stil. Er sollte trocken und verholzt sein. Und wenn die Blätter der Kürbispflanze absterben, ist das Gemüse reif.

ZUBEREITUNG

- Hokkaidokürbisse zerteilen, Kerne entfernen, das Fruchtfleisch in kleine Stücke teilen und in die kochende Gemüsebrühe geben. Zwiebel, Ingwer und Knoblauch schälen, zerhacken und dazu geben. Alles ca. 15 Min. kochen lassen.
- Den Kürbis durch ein Sieb abgießen und die Gemüsebrühe auffangen. Den weichen Kürbis pürieren.
- Sahne hinzufügen, mit Salz, Pfeffer und Paprikapulver abschmecken. Nach Bedarf Brühe hinzugeben, bis die Suppe die gewünschte Sämigkeit hat.
- Für die Hackbällchen das Hackfleisch in eine Schüssel geben. Das Brötchen einweichen lassen, ausdrücken und dazugeben. Das Ei aufschlagen und auch dazugeben. Zwiebel und Knoblauch schälen, zerhacken und ebenfalls zum Hackfleisch geben. Alles gut vermischen und mit Salz, Pfeffer und Paprikapulver abschmecken. Das Hackfleisch zu kleinen Bällchen formen und in heißem Öl anbraten.
- Die Hackbällchen zusammen mit der Kürbissuppe anrichten und servieren.
- Tipp: Wer mag, kann einen großen Kürbis aushöhlen und als Suppenschüssel verwenden.

Für 4 Personen:

- 2 Hokkaidokürbisse
- 2 Knoblauchzehen
- 1 daumengroßes Stück Ingwer
- 1 große Zwiebel
- 3 Liter Gemüsebrühe
- 400 ml Schlagsahne
- Salz, Pfeffer, Paprikapulver

Für die Hackbällchen
- 250 g Hackfleisch
- 1 Brötchen
- 1 Ei
- 1 Zwiebel
- 1 Knoblauchzehe
- Salz, Pfeffer, Paprikapulver
- Öl zum Anbraten

GEFÜLLTE Zucchinischiffchen

Zucchini gibt es in Kerstin Eberhardts Schrebergarten reichlich. So reichlich, dass sie sich immer wieder neue Gericht ausdenkt, damit ihrer Familie die Zucchini nicht aus den Ohren kommen. Experimentierfreudig sind sie und ihr Mann auch darin, was im Garten angebaut wird. Blaue Kartoffeln zum Beispiel, wie die »Vitelotte«. Das ist eine blau-violette Ur-Kartoffelsorte, die auch hierzulande wächst und wie andere Kartoffeln zu Püree verarbeitet werden kann. So hat das Zucchinischiffchen immer eine Hand breit Wasser unter dem Kiel.

ZUBEREITUNG

- Zucchini längs halbieren und in der Mitte aushöhlen, ggf. schälen. Die Zwiebel in kleine Würfel schneiden. Das Hackfleisch mit der gehackten Zwiebel, Salz, Pfeffer und dem Ei mischen. Die ausgehöhlten Zucchinihälften mit der Hackfleischmischung füllen und 20 Min. bei 180 Grad Umluft im Backofen garen.
- Mit den Käsescheiben belegen oder mit geriebenem Käse bestreuen. Die Schiffchen noch einmal für ca. 5–10 Min. im Backofen überbacken, bis der Käse goldbraun ist.
- Paprika entkernen, vierteln und auf Holzspieße stecken. Jeweils einen Spieß als Segel in die überbackene Zucchinihälfte stecken. Die Paprika kann roh verwendet oder etwa 10 Min. mitgebacken werden.
- Die Kartoffeln kochen, schälen und zerstampfen. Mit Milch, Butter und etwas Salz zu Kartoffelbrei verarbeiten.

Für 4 Personen:

- 2 mittlere oder 4 kleine Zucchini
- 400 g Hackfleisch (gemischt)
- 1 Zwiebel
- 1 Ei
- Salz, Pfeffer
- 2 Paprika
- 4 Scheiben Käse (oder geriebener Käse)
- 10–12 Kartoffeln
- etwas Milch und Butter

aus dem Ofen

zibb

Birnen-Kokos-KUCHEN

Carola Janning suchte nach einem selbstgemachten Geschenk, das sie Freunden mitbringen wollte. So kam sie auf die Idee, ihren Birnen-Schoko-Kuchen mal nicht auf dem Blech zu backen, sondern im Glas. Ihre Schokoküchlein lassen sich mit fast jedem Obst kombinieren. Zum Ende des Hochsommers kommen Birnen auf den Markt. Sie sind besonders süß, haben weniger Fruchtsäure als Äpfel. Sie haben viele Ballaststoffe, fördern die Verdauung und sind reich an Vitamin C und B. Die Birne ist zudem Lieferant vieler wichtiger Mineralstoffe.

ZUBEREITUNG

- Mehl, Backpulver und Kakao in eine Rührschüssel geben und vermengen.
- Zucker, Eier und weiche Butter in Stücken dazugeben und zu einem glatten Teig verrühren.
- Gläser mit etwas Öl einfetten und den Teig etwa fingerhoch in die Gläser einfüllen.
- Birnen schälen, entkernen, in kleine Stücke schneiden und auf dem Teig verteilen.
- 45–50 Min. bei 180 Grad backen. Die Gläser bleiben geöffnet. Der Backofen wird nicht vorgeheizt.
- Für die Creme Schmand, Sahne und Paradiescremepulver mit dem Zucker verrühren und auf den erkalteten Küchlein verteilen.
- Zum Schluss Kokosraspeln mit Butter und 2 EL Zucker in einem Kochtopf erhitzen, dabei gut verrühren. Nach dem Abkühlen die Kokosraspeln auf den Küchlein verteilen.

Für 4 bis 6 Gläser:

- 80 g Mehl
- ½ TL Backpulver
- 100–120 g Zucker
- 2 EL Kakao
- 120 g weiche Butter
- 3 Eier
- 2 Birnen
- Öl zum Einfetten der Gläser
- 4–6 kleine hitzebeständige Einmachgläser

Für die Creme

- 100 g Schmand
- 100 g Schlagsahne
- ½ Päckchen Paradiescreme Vanille
- 1 TL Butter
- 1 EL Zucker

Kokosbelag

- 50 g Kokosraspeln
- 50 g weiche Butter
- 2 EL Zucker

süß

Rinder-RIPPCHEN

Im Restaurant Blackbeards kommen die brandenburgischen Rinderrippchen vom Charolais-Rind aus dem Smoker und werden schließlich noch im Dampfgarer gar gezogen, bevor sie lackiert werden und unter Oberhitze karamellisieren. Marco Essmaili hat aber auch ein Rezept, was sich ohne aufwändige Gerätschaften zuhause zubereiten lässt.

ZUBEREITUNG

- Die Rinderrippchen parieren, d.h. von überschüssigem Fett befreien. Anschließend die Silberhaut auf der Innenseite entfernen. Die Zutaten der Trockenmarinade mischen, das vorbereitete Fleisch damit einreiben und für 24 Stunden kalt stellen.
- Die Rippchen wieder auf Raumtemperatur bringen und dann für 5–6 Stunden bei 105 Grad auf der mittleren Schiene im Ofen garen. Im Anschluss je nach Bedarf das Fleisch noch unter Wasserdampf nachziehen lassen. Dazu einfach eine ofenfeste Schüssel mit Wasser unten in den Ofen stellen. Die Rippchen haben die richtige Konsistenz, wenn sich das Fleisch leicht vom Knochen lösen lässt.
- Zum Schluss die fertig gegarten Rinderrippchen mit dem Lack einstreichen und noch einmal in den Ofen geben. Den Lack bei starker Oberhitze für ein paar Minuten auf dem Fleisch karamellisieren lassen. Noch 2–3 Mal nachlackieren.
- Zu den Rippchen passen Krautsalat, Essigzwiebeln, saure Gurke und Kartoffelecken.

Für 2 Portionen:

- 1 kg Rinderrippchen

Trockenmarinade
- 5 EL Meersalz
- 5 EL grob gemahlener schwarzer Pfeffer
- 5 EL Paprikapulver
- 1,5 gehackte Knoblauchzehen
- 1 Zwiebel, gewürfelt
- 4 EL brauner Rohrzucker
- eine Prise Zimt

Glasurlack
- 250 ml Orangensaft
- 60 ml Whisky
- 125 g brauner Zucker
- 500 ml Ketchup
- 1–2 Stück Chipotle-Chilischoten (geräucherte Jalapenos)
- eine Prise Rauchsalz

MARCO ESSMAILI

Blackbeards

»Nur echtes Fleisch ist geiles Fleisch«, sagt Marco Essmaili. Der Berliner hat im Jahr 2015 sein Hobby zum Beruf gemacht und im Prenzlauer Berg ein eigenes BBQ-Restaurant eröffnet. Die Idee dazu kam ihm beim Fernsehen. Dort hat er sich eine Sendung über Grillmeisterschaften in den USA angeschaut und das hat ihn inspiriert. Bevor er den Schritt in die Selbstständigkeit gewagt hat, war Marco Essmaili schon 15 Jahre lang in der Gastronomie tätig. Das brachte genug Erfahrung für einen eigenen Laden.

Sein Konzept geht auf, der Laden brummt. Marco will hochwertige Produkte anbieten und echt sein, sich nicht verstellen müssen. Das ist ihm wichtig und dafür hat er sich selbstständig gemacht. Auf der Karte stehen zum Beispiel Rippchen, vom Rind oder Schwein, und Burger samt den dazugehörigen Beilagen. Was auf die Karte kommt, besprechen sie im Team. Aber Kompromisse in Sachen Qualität machen sie nicht. Deswegen arbeiten die Blackbeards mit Zuliefern, die sie kennen und bei denen sie wissen, woher die Produkte stammen. Sein Rindfleisch z. B. bezieht Marco Essmaili von einem Bauern aus Brandenburg. Bis es fertig zubereitet beim Gast auf dem Teller liegt, muss viel Arbeit reingesteckt werden.

Das Besondere am Restaurant liegt für Marco in der Zubereitung des Fleisches. Die Rippchen beispielsweise werden zuerst mariniert, dann mehrere Stunden im Smoker geräuchert und schließlich unter Wasserdampf gar gezogen. Dann wird das Fleisch noch lackiert. Das genaue Rezept für die Marinaden ist Betriebsgeheimnis, aber – so viel verrät Marco – es ist auch Whisky drin. Erst dann kommen die Rippchen auf den Grill.

Ein Herz für Vegetarier haben die Blackbeards allerdings auch. Es gibt einen speziellen Veggie-Burger, mit dem gleichen Anspruch an Qualität wie bei der Fleischvariante. Es soll schließlich allen schmecken.

Blackbeards
Pappelallee 55, 10437 Berlin
www.blackbeards.berlin

SVEN OHLY

Lieblingsrind

15 Jahre lang hat Sven Ohly im Familienbetrieb selbst Rinder gezüchtet. Charolais-Rinder, die das ganze Jahr über auf den grünen Weiden Brandenburgs grasen und deren Fleisch nicht zuletzt deshalb fein marmoriert und aromatisch ist. Doch das Leben als Bauer ist schwer. Die Woche hat sieben Arbeitstage, und wenn gekalbt wird, ist auch ein 24-Stunden-Tag keine Seltenheit. Sich dann noch um den Vertrieb zu kümmern, fällt gerade Kleinbauern schwer. Deshalb hat Sven Ohly die Marke »Lieblingsrind« gegründet. Ein Dach, unter dem mehrere Bauern ihre Tiere direkt an Kunden bringen können, egal ob Restaurant oder Privatperson. Damit auch wirklich jeder nachvollziehen kann, woher das Fleisch stammt.

Für Sven Ohly stehen die Tiere dabei im Vordergrund. Sie müssen artgerecht gehalten werden – also viel Platz auf Weiden und auch einen geschützten Unterstand für den Winter oder schlechtes Wetter haben. Auch das richtige Futter und der persönliche Bezug zu den Tieren ist Sven Ohly wichtig. Daher legt er auch bei der Schlachtung Wert auf kurze Transportwege und professionelles Vorgehen, so dass das für die Tiere so leidensfrei wie eben möglich vonstatten geht.

»Lieblingsrind« hat Sven Ohly seine Marke genannt, weil ihm die Tiere am Herzen liegen. Das müssen auch die anderen Bauern erfüllen, mit denen er zusammenarbeiten will. Noch befindet sich »Lieblingsrind« im Aufbau, aber zwei Züchter, die alle Kriterien erfüllen hat Sven Ohly schon im Boot: Thekla und Willi Zachert aus dem Havelland und die Charolais Herdbuchzucht aus dem Löwenberger Land und er ist sich sicher, dass noch viele diesem Beispiel folgen werden.

Weitere Informationen unter:
www.lieblingsrind.de

WISSENSWERTES ÜBER WILDFLEISCH

Und eine passende Marinade von Kolja Kleeberg

Generell gilt Wildfleisch als gesunde und ressourcenschonende Alternative zum Fleisch von Nutztieren. Dadurch, dass sich die Tiere in freier Wildbahn bewegen, leben sie stressfreier, artgerecht und gesünder. Das zeigt sich auch in ihrem Fleisch: Es ist besonders fettarm und bekömmlich.

Rehfleisch

Das Fleisch unserer einheimischen Rehe ist dunkelrot und dabei mager, zart und vitaminreich. Es enthält, wie auch die anderen Wildarten, ähnlich viel Eiweiß wie Fisch, das heißt mehr als Rind, Hausschwein oder Geflügel. Es ist in der Küche sehr vielseitig einsetzbar. Es kann gebraten, gegrillt oder geschmort werden.

Wildschwein

Im Vergleich zu anderen Wildarten ist das Fleisch des Wildschweins fettreicher. Dennoch ist es magerer und auch herzhafter als das Hausschwein. Es enthält wertvolle Vitamine und Mineralien. Das Wildschwein sollte durchgegart werden.

Rothirsch

Das tiefrote Hirschfleisch ähnelt dem Rindfleisch, ist aber etwas kräftiger im Geschmack. Es ist eiweißreich und enthält Selen, Zink, Eisen und viele B-Vitamine. Wie beim Wildschwein raten Experten dazu, das Hirschfleisch durchzugaren, denn Krankheitserreger sind zwar selten, können aber nicht ganz ausgeschlossen werden.

Wild aus der Region

Brandenburg gilt als eines der wildreichsten Bundesländer. Die Jagd spielt beim Erhalt von Wild eine große Rolle. So könnten ohne die Jagd zum Beispiel Wildschweine ihren Bestand jährlich verdreifachen, was zu Futterengpässen und schwindenden Lebensräumen führen würde. Trotzdem ist Wildfleisch aus der Region nicht uneingeschränkt erhältlich. Für jede Wildart gibt es eine Jagdsaison und Abschussquoten.

Kolja Kleebergs Reh vom Grill

Auf seinen Holzkohlegrill kommt Reh, von Jägern aus Brandenburg. Bei dieser Qualität, so Kleeberg, muss das Wild auch nicht mehr komplett durchgegart werden. Perfekt ist es, wenn es innen noch zart rosa ist. Das Fleisch mariniert er vorher mit einer Kräuter-Öl-Mischung. In die Marinade kommen: Orangenabrieb, Meersalz, ein Hauch Zucker, frisch gehackter Rosmarin und Salbei, ein paar Wachholderbeeren und Olivenöl.

Wild aus der Region
www.waldgourmet.de

Mehr Tipps von Profi Kolja Kleeberg
https://www.youtube.com/channel/UC5oZ09o-wTwJUmMyixxbA0g

zibb

zibb
zibb

16. Spielwoche 1970
zibb

127
Herbstsalat mit Roter Bete

128
Hühnerfrikassee nach Amma Rößler

131
Mascarpone-Zimt-Creme mit Zwetschgen

132
Hecht/Salbei

133
Micha Schäfer & Billy Wagner
Nobelhart & Schmutzig

135
Lara & Klaus Wolenski
Weingut Klosterhof Töplitz

137
Fermentation
Gemüse haltbar machen

RADIKAL
REGIONAL
zibb

Herbstsalat mit ROTER BETE

Frische Pfifferlinge und Rote Bete aus Brandenburg – für Michael Weckwerth aus Werder gehören frische regionale Zutaten dazu, wenn er seine Familie bekocht. Zuhause ist er der Mann am Herd. Mit dem frisch zubereiteten Salat werden alle mit Vitamin C, Folsäure und Betacarotin versorgt, die reichlich im Salat vorhanden sind. Biss gibt auch die Rote Bete. Die erdige Knolle bleibt roh und behält dadurch ihre Vitalstoffe, die sie so wertvoll machen.

ZUBEREITUNG

- Die rohen Rote Bete schälen und in kleine Würfel schneiden.
- Die gegarten Rote Bete in Würfel zerteilen. Avocado schälen und würfeln. Rote Bete und Avocado mit Meerrettich, dem Saft einer Zitrone und etwas Olivenöl mit dem Pürierstab zu einer Creme verarbeiten. Mit Salz und Pfeffer abschmecken.
- Die Kürbiskerne anrösten, mit dem Zucker bestreuen und karamellisieren. Zum Abkühlen auf ein Stück Backpapier geben.
- Für das Salatdressing Kürbiskernöl, Olivenöl, Senf, Salz, Pfeffer und Zitrone verrühren. Eventuell mit Agavensirup oder Honig nach Geschmack süßen.
- Den Salat waschen und putzen. Die Salatblätter auf den Tellern arrangieren, mit den Rote-Bete-Würfel und den Ziegenfrischkäse-Talern anrichten und mit Dressing beträufeln. Zum Schluss die karamellisierten Kürbiskerne über den Salat streuen.
- Den Rote Bete-Avocado-Dip in kleine Schälchen füllen und dazu servieren. Dazu passen z. B. Baguette oder Maiswaffeln mit Meersalz und Rosmarin.

Für 4 Personen:

- 3 unterschiedliche Blattsalate der Saison, z. B. Eichblatt, Lollo Rosso & Lollo Bianco
- 2 Rote Bete, roh
- 2 Rote Bete, vorgegart
- 1 reife Avocado
- 4 Ziegenfrischkäse-Taler
- 2 TL Meerrettich
- 2 Zitronen
- Agavensirup oder Honig
- 4 EL Kürbiskerne
- 2 EL brauner Zucker
- Kürbiskernöl, Olivenöl
- 2 TL Senf
- Salz, Pfeffer

Salat

HÜHNERFRIKASSEE nach Emma Rößler

1970 schrieb Emma Rößler das Rezept für Hühnerfrikassee auf einen Lottoschein, sie arbeitete damals in einer Post- und Lottoannahmestelle in einem kleinen Ort im Spreewald. Dieses von Hand geschriebene Rezept gibt es heute noch, wenn auch ziemlich verschlissen und fleckig. Doch Brigitte Rößler aus Langerwisch kann das Rezept ohnehin längst auswendig, so häufig hat sie es schon nachgekocht – nachkochen müssen, denn die ganze Familie liebt es. Wenn alle zusammenkommen, kann es natürlich nur ein Essen geben: Hühnerfrikassee.

Für 4 bis 6 Personen:

- 1 Suppenhuhn
- 1 EL Salz
- 125 g Butter
- 100 g Mehl
- 1 l Hühnerbrühe
- 500 g Spargel (am besten frisch, sonst aus dem Glas)
- 1 Zitrone
- 4 Eigelbe
- 1/8 Liter Weißwein
- 1 Glas Kapern
- 150–200 g Champignons

Fleischklößchen

- 250 g mageres Rindfleisch (Tatar)
- 15 g Semmelbrösel
- 1 Eigelb
- 1 TL Butter
- Salz, Pfeffer

ZUBEREITUNG

- Ein ausgewachsenes und ausgenommenes Huhn vollständig mit Wasser bedeckt und mit einem Esslöffel Salz 3 bis 4 Stunden weich kochen.
- Dann die Butter mit dem Mehl anschwitzen und die Hühnerbrühe angießen. Bei Bedarf mehr Brühe, etwas mehr Butter und Mehl hinzugeben. Spargel und Zitronensaft hinzugeben. Die Eigelbe mit dem Weißwein verquirlen und unter die Soße rühren. Die Kapern hinzugeben.
- Für die Fleischklößchen das Rinderhack mit den Semmelbröseln, dem Eigelb und der Butter zu einem Teig verkneten. Mit Salz und Pfeffer abschmecken. Etwa 14 kleine Klöße aus der Masse formen und in der Sauce ca. 10 Min. gar ziehen lassen.
- Die Champignons in Würfeln schneiden und in die Sauce geben. Das Hühnerfleisch nach dem Garen von den Knochen lösen und zerkleinert wieder dazugeben. Mit Salz und Pfeffer abschmecken. Mit Reis oder Weißbrot servieren.

Geflügel

BRANDENBURG

Mascarpone-Zimt-Creme mit ZWETSCHGEN

Zwetschge oder Pflaume – für das Dessert von Hannelore Strößner-Hagen eignen sich beide Früchte. Je nachdem, was das regionale Angebot gerade hergibt. Während die Pflaume eher rundlich ist, erkennt man die Zwetschge an ihrer ovalen, spitz zulaufenden Form. Wer einen eigenen Zwetschgenbaum im Garten hat, sollte die Früchte erst pflücken, wenn der letzte grüne Schimmer auf der Schale verschwunden ist, die Früchte also schön violett, aber noch prall und fest sind.

ZUBEREITUNG

- Mascarpone, Quark, Zitronensaft, Zucker, Zimt, Vanillezucker und den Orangenlikör gut vermischen und glatt rühren. Die Sahne schlagen und unterheben. Masse in einer flachen Schale für ein bis zwei Stunden in das Tiefkühlfach stellen.
- Die Zwetschgen waschen, entsteinen, halbieren und im braunen Zucker mit den Walnusskernen in einer Pfanne anschwitzen. Den Rotwein angießen, Zimtstange und Gewürznelken hinzufügen und 10–15 Min. köcheln und reduzieren lassen. Mit Orangenlikör und etwas Zitronen- und/oder Orangenabrieb abschmecken. Wenn gewünscht, die Sauce mit etwas Speisestärke andicken.
- Von der Mascarpone-Zimt-Creme mit einem Löffel Nocken abstechen und die Zwetschgen und Walnüsse mit der Sauce, warm oder kalt, anrichten und mit Minzblättern verzieren.

Für 4 Personen:

- 150 g Mascarpone
- 250 g Magerquark
- 75 g Zucker
- 1 Päckchen Vanillezucker
- 150 ml Sahne
- Saft von 1 Zitrone
- Zimt
- 250 g Zwetschgen
- brauner Zucker
- 1 Zimtstange
- 2–3 Gewürznelken
- 250 ml Rotwein
- etwas Orangenlikör
- etwas Zitronen- und/oder Orangenabrieb von unbehandelten Früchten
- 100 g Walnusskerne
- Minzblätter zur Deko

süß

Hecht SALBEI

ZUBEREITUNG

- Die Zwiebeln von Isak Gumpert haben eine charakteristische Süße. Das ist mir wichtig. Sie werden geschält und so dünn wie möglich in Streifen geschnitten. Dann werden sie mit etwas Butter und Joghurtmolke geschmort bis sie ganz schlotzig sind. Am Schluss mit Verjus, Salz und frischem Salbei abschmecken.
- Am liebsten sind mir immer die kleinen Hechte, weil diese sehr viel leichter zu garen sind. Sie werden filetiert, die Haut abgezogen und dann portioniert. Dann wird der Hecht bei 50 Grad in brauner Butter ca. 10 Min. confiert. Nun kann man die Gräten ganz leicht herausziehen.
- Das Gericht sollte unbedingt so warm wie möglich serviert werden.

Für 8 Personen:

- 1 Stk. Hecht, 1–2 kg schwer (aus der Müritz)
- 1 kg Sauerrahmbutter (von der Molkerei Brodowin)
- 4 Stk. gelbe Zwiebeln (von Isak Gumpert)
- 1 l Joghurtmolke (von David Peacock)
- 20 ml Verjus (vom Klosterhof Töplitz)
- 3 Blatt Salbei (von Grete Peschken)
- etwas Salz (von der Saline Luisenhall)

Rezept Micha Schäfer, Nobelhart & Schmutzig

MICHA SCHÄFER & BILLY WAGNER

Nobelhart & Schmutzig

»Brutal lokal« – ein markanter Slogan. Doch im »Nobelhart & Schmutzig« ist das mehr als ein modisches Label. Es ist eine ethische Haltung und ein klares Bekenntnis zum regionalen Produkt.

Als Inhaber und Sommelier Billy Wagner 2015 das Restaurant in der Friedrichstraße eröffnete, gehörte er zu den Vorreitern eines Trends, der sich mehr und mehr verbreitet. Doch kaum ein anderes Restaurant in Berlin arbeitet so konsequent nach diesem Motto. Dafür hat Küchenchef Micha Schäfer ein Netzwerk an Produzenten aufgebaut, mit denen er eng zusammenarbeitet. So bezieht er sein Geflügel vom »Prignitzer Landhof«, Fleisch vom »Biohof Schorfheide« und Gemüse aus der »Wilden Gärtnerei«.

In der Küche von Micha Schäfer ist das Produkt der Star. In seinen Gerichten finden sich meist nur wenige Komponenten, dafür in ausgesuchter Qualität. Wie etwa Hecht mit leicht in Butter gedünsteten Zwiebeln und Salbei. Seine Gerichte konzentrieren sich auf maximal drei bis vier Geschmacksrichtungen. Ein klassisches à la carte-Essen gibt es nicht. Stattdessen wird ein einheitliches Menü serviert, das aus zehn Gängen besteht und sich von Woche zu Woche ändern kann. Dabei sitzen die Gäste an einer großen Theke, die um die Küche herum gebaut ist, und können zusehen, wie gekocht wird.

Brutal lokal – das bedeutet auch Verzicht auf Pfeffer, Zimt oder Zitrone. Ersetzen lassen sich diese Zutaten nicht, sagt Micha Schäfer. Sein selbst auferlegtes »Dogma« empfindet der Koch aber nicht als Einschränkung. Im Gegenteil – es fördert seine Kreativität. So sucht er ständig nach neuen regionalen Produkten mit einem eigenen Charakter. Fündig geworden ist er dabei zum Beispiel auf dem Weingut Klosterhof Töplitz bei Werder. Von dort bezieht er Verjus, einen Saft aus grünen, unreifen Trauben. Säuerlich im Geschmack nutzt der Koch diese Delikatesse für Saucen, Salate oder Sorbets und verzichtet entsprechend auf Balsamico oder andere Essigsorten.

Nobelhart & Schmutzig
Friedrichstraße 218, 10969 Berlin
Di – Sa ab 18.30 Uhr
www.nobelhartundschmutzig.com

LARA & KLAUS WOLENSKI

Weingut Klosterhof Töplitz

Grün und sehr sauer sind die kleinen Trauben, die Jungwinzerin Lara Wolenski von den Weinreben abschneidet. Es ist Mitte Juli und bis zur Weinlese ist es eigentlich noch eine ganze Weile hin. Auf drei Hektar baut die Familie Wolenski acht verschiedene Rebsorten an wie Bacchus, Riesling oder Weißburgunder. Ihr Weinberg in Töplitz bei Werder gehört zu Europas nördlichstem Anbaugebiet für Qualitätswein. Offiziell werden sie zum Saale-Unstrut-Gebiet gezählt. Doch die Wolenskis wollen, dass ihre Kunden wissen, woher der Wein stammt und schreiben daher »Brandenburger Landwein« auf ihre Flaschenetiketten. Ausgeschenkt und verkauft wird er direkt auf dem Weingut, wo der Wein zuvor ausgebaut und abgefüllt wird. Geöffnet ist die Besenwirtschaft am Wochenende. Dann können Besucher mit einem Picknickkorb den Weinberg erklimmen, Brandenburger Landwein kosten und den Blick über die Havel schweifen lassen.

Hier in Töplitz ist alles Handarbeit. Im Frühsommer, wenn die Reben üppig wachsen, müssen die Winzer regelmäßig die Blätter zurückschneiden. So bekommen die Trauben mehr Sonne ab und der Wind kann durchwehen. Das verhindert Krankheiten oder Fäulnis. Um die Qualität zu steigern, werden im Juli auch die Trauben ausgedünnt. Die Winzer schneiden dann einen Teil der unreifen Trauben ab. So geht die ganze Kraft des Weinstocks in die verbleibenden Früchte, sie werden größer und aromatischer. Bislang haben die Wolenskis die grünen Trauben weggeworfen. Doch vor einiger Zeit rief Micha Schäfer vom Berliner Restaurant »Nobelhart & Schmutzig« an und fragte nach Verjus, einem Saft aus eben diesen grünen unreifen Trauben, den er statt Zitrone oder Essig verwendet. Das war der Beginn einer engen Zusammenarbeit zwischen dem Berliner Spitzenkoch und der Töplitzer Winzerfamilie. Für ihn produzieren die Wolenskis nun Verjus, genauso, wie er ihn haben möchte. So richtig schön sauer. Für die Delikatesse werden die grünen Trauben gepresst, der Saft wird gefiltert und pasteurisiert. Die Winzer beschreiben den Geschmack so: »Ein guter Verjus ist mild in der Säure, in der Nase feinweinig, im Mund erfrischend mit sanfter Säure und fruchtigen Aromen, im Abgang ist er zart nach Kräutern schmeckend.«

Weingut Klosterhof Töplitz
Am Alten Weinberg 1
14542 Werder (Havel) OT Töplitz
Telefon: (033202) 618 41
Öffnungszeiten Besenwirtschaft:
Sa, So und an Feiertagen ab 15 Uhr
www.weingut-toeplitz.de

FERMENTATION

Gemüse haltbar machen

Während im Sommer regionales Gemüse Saison hat, sind frische regionale Lebensmittel im Winter Mangelware. Doch der Sommer lässt sich konservieren. Fermentation ist eine der ältesten Konservierungstechniken der Welt. Seit kurzem liegt Fermentieren wieder voll im Trend, nicht zuletzt, weil Lebensmittel ganz ohne künstliche Konservierungsstoffe haltbar gemacht werden können und der Prozess positive Auswirkungen auf die Gesundheit hat.

Was heutzutage gern aus Küchen ferngehalten wird, ist beim Fermentieren unabdinglich: Mikroorganismen. Beim Fermentieren entsteht durch Bakterien, Pilze und Hefe ein Milieu, in dem Krankheitserreger abgetötet werden und die gesunden Milchsäurebakterien die Regie übernehmen. Fermentiertes Gemüse ist also nicht nur länger haltbar, es ist auch sehr gesund. Das menschliche Immunsystem profitiert von den Vitaminen und Nährstoffen, die durch den Vergärungsprozess entstehen, und die Bakterien helfen beim Aufbau einer gesunden Darmflora.

Unbehandeltes oder biologisch angebautes Gemüse eignet sich am besten für den Fermentationsprozess, weil auf chemisch behandelten Lebensmitteln kaum noch Milchsäurebakterien zu finden sind. Das Gemüse muss zunächst gereinigt und klein geschnitten oder gehobelt werden. Die Bakterien brauchen eine große Oberfläche, um ihr Werk zu vollbringen. Außerdem braucht es Wasser, Salz, Gewürze nach Belieben und ein paar Tage Zeit. Zum Fermentieren eigenen sich z. B. große Gläser oder ein Topf aus Keramik. Das Gemüse wird mit dem möglichst naturbelassenen Salz und den Gewürzen gemischt und in das Gefäß gegeben. Damit kein Sauerstoff in den Zwischenräumen verbleibt, muss es gut festgedrückt werden. Ist nicht genug Gemüsesaft vorhanden, wird mit Salzlake aufgefüllt, bis alles vollständig bedeckt ist. Mit einem Gewicht (z. B. einem Teller) wird das Eingelegte beschwert. Für die Salzlake braucht es ca. 30 bis 40 Gramm Salz auf einen Liter Wasser. Am besten deckt man das Gefäß mit einem sauberen Tuch ab, um Verunreinigungen zu vermeiden.

Die Bakterien vermehren sich und wandeln Stärke und Zucker aus dem Gemüse in Milchsäure um, die für die Haltbarkeit sorgt. Gleichzeitig bilden sich Enzyme, Vitamine und Probiotika. Es entwickeln sich kleine Bläschen und ein säuerlicher Geruch. Am wohlsten fühlen sich die Bakterien bei Raumtemperatur. Bilden sich keine Bläschen mehr, ist die Fermentation abgeschlossen. Das kann je nach Gemüseart, Menge und Temperatur vier bis 14 Tage dauern. Zum Schluss das fertig fermentierte Gemüse gut verschließen und an einen kühlen dunklen Ort stellen. Dort hält es sich dann für mehrere Monate.

Workshops & Informationen
gibt es bei Slowfood Deutschland e. V.
www.slowfood.de

Prinz Heinrich

zibb

OKTOBER

141
Brezenknödel mit Salat

142
Hirschgulasch im Römertopf

145
Klemmkuchen

146
Doppelte Ravioli

147
Patrick Schwatke & Thomas Hübner
Alte Überfahrt

149
Sven Remus & Gerd Barth
Bäuerlicher Familienbetrieb Barth/Remus

151
Obstbaumschnitt

zibb

Brezenknödel mit SALAT

Auch an der Spree wird inzwischen Oktoberfest gefeiert. Da dachte sich zibb-Zuschauer Werner Meier aus Berlin – so ein Knödel aus Brezeln und Weißwurst passt doch in den herbstlichen Kochclub und schickte uns sein Rezept. Schließlich gibt es ja längst auch Berliner und Brandenburger Fleischer, die es verstehen, aus regionalen Zutaten veritable Weißwürste herzustellen. Oder protestiert da etwa ein Exil-Bayer?

ZUBEREITUNG

- Brezeln kleinschneiden. Die Milch erwärmen und die Eier einrühren. Mit Salz, Pfeffer und Muskat würzen. Mit den Brezenwürfeln mischen.
- Weißwürste häuten und würfeln. Zwiebeln schälen und würfeln, in Öl glasig dünsten. Mit den Wurstwürfeln und der Petersilie unter die Brezenmasse mischen.
- Alufolie mit Frischhaltefolie belegen und die Knödelmasse darauf zu einer Rolle formen. In der Folie einwickeln und die Enden fest verdrehen.
- Die Knödelrolle in siedendem Wasser ca. 30 Min. garen.
- Für den Salat Brühe, Senf, Salz, Pfeffer, Zucker, Essig und Öl zu einem Dressing mixen.
- Lauchzwiebeln, Radieschen, Tomaten waschen und in Scheiben schneiden. Den Feldsalat putzen und waschen. Alles vermengen und mit dem Dressing beträufeln.
- Den erkalteten Brezenknödel in ca. 1 cm dicke Scheiben schneiden und in 1 EL Öl von beiden Seiten kross anbraten.
- Die Knödelscheiben zusammen mit dem Salat anrichten.

Für 4 Personen:

Brezenknödel

- 250 g Brezeln vom Vortag
- 200 ml Milch
- 3 Eier
- Salz, Pfeffer, Muskat
- 2 Weißwürste
- 1 Zwiebel
- 2 EL Öl
- 2 TL Petersilie, gehackt

Für den Salat

- 200 g Feldsalat
- 2 Lauchzwiebeln
- 1 Bund Radieschen
- 100 g Kirschtomaten
- 125 ml Brühe
- 1 TL Senf
- Salz, Pfeffer, Zucker oder Honig
- 2 EL Balsamicoessig
- 2 EL Vanilleöl
- Saft einer Zitrone

deftig

HIRSCHGULASCH im Römertopf

Herbst ist die Zeit für Wildfleisch aus heimischen Wäldern. Von Anfang August bis Ende Januar dürfen Jäger in Berlin und Brandenburg Hirsche schießen. Die restlichen Monate herrscht Schonzeit. So kommt Wildfleisch immer noch relativ selten auf deutsche Teller, obwohl das Fleisch besonders natürlich und fettarm ist – schließlich leben die Tiere im Freien, bewegen sich viel und haben abwechslungsreiches Futter. Vorausgesetzt, es kommt auch wirklich aus der Region.

ZUBEREITUNG

- Gulasch in Butterschmalz und Zwiebeln anbraten. Zusammen mit den Gewürzen, Rotwein und Fond in einen Römertopf füllen und 2 Stunden bei 180 Grad im Ofen garen.
- Danach das Fleisch in einen Topf umfüllen, die Sauce mit der Marmelade abschmecken und gegebenenfalls mit Speisestärke oder Saucenbinder etwas binden.
- Preiselbeerbirne

Die Birnen schälen, halbieren und das Kerngehäuse entfernen. Kurz in Zuckerwasser mit Nelken kochen. Erkalten lassen und mit Preiselbeergelee füllen.

- Kartoffelrösti

Kartoffeln schälen und in ein Küchentuch raspeln. Zwiebel in kleine Würfel schneiden. Die Kartoffeln ausdrücken, die restlichen Zutaten dazugeben und portionsweise in heißem Butterschmalz ausbraten.

- Rosenkohl

Rosenkohl säubern. Den Strunk kreuzweise einschneiden und 25 Min. in Salzwasser kochen. Den Speck mit der Butter in einer Pfanne anbraten, den Rosenkohl dazugeben, mit Muskat würzen.

Dies ist ein einfach zubereitetes, aber geschmackvolles Essen. Für Kocheinsteiger nicht schwierig.

Wild

Für 4 Personen:

Hirschgulasch
- 800 g Hirschgulasch
- 2 kleine Zwiebeln
- 2 TL Wildgewürz
- 1 Tasse Wildfond
- 100 ml Rotwein
- 2 EL Johannisbeergelee
- 2 TL Speisestärke oder Saucenbinder dunkel
- Salz, Pfeffer
- Butterschmalz

Preiselbeerbirne
- 2 Birnen
- Preiselbeergelee
- Zucker

Kartoffelrösti
- 500 g Kartoffeln
- 1 Ei
- 1 kleine Zwiebel
- 2 EL Mehl
- Salz, Pfeffer, Muskat
- Butterschmalz zum Braten

Rosenkohl
- 750 g Rosenkohl
- 2 EL Butter
- 50 g Speck, geräuchert und gewürfelt
- Salz, Muskat

Klemmkuchen

Sie heißen Rollkuchen, Eiserkuchen oder Klemmkuchen und sind eine Spezialität aus dem Fläming. Die Geschichte des knusprigen Gebäcks reicht weit zurück und hat ihren Ursprung in Flandern. Von dort haben es vermutlich die Menschen, die sich ab dem 12./13. Jahrhundert im Fläming ansiedelten, mitgebracht, wo es vor allem im Winter und insbesondere zur Fastnacht zubereitet wird. Früher wurden die Klemmkuchen mit einem Klemmkucheneisen über offenem Feuer gebacken. Marlies Koppehele aus Jüterbog hat sogar noch solch ein Eisen, doch im zibb Kochclub bereitet sie das Gebäck mit einem modernen Gerät zu, das ähnlich wie ein Waffeleisen funktioniert.

ZUBEREITUNG

- Bevor mit dem Zubereiten des Teiges begonnen wird, ist es wichtig, dass alle Zutaten die gleiche Zimmertemperatur haben.
- Die weiche Butter mit dem Zucker verrühren, das Ei dazugeben und kräftig einarbeiten. Das Mehl langsam unterrühren und mit dem Wasser nach und nach zu einem glatten Teig verquirlen. Mit dem Vanillezucker und einer Prise Salz würzen und den Teig 2–3 Stunden quellen lassen, noch besser ist es, ihm eine Nacht Zeit zu geben.
- Nach dem Quellen den Teig mit dem Malzbier, Milch oder Wasser langsam unter ständigem Rühren verdünnen. Der Teig muss dünnflüssig sein, um ihn zu einer knusprigen Waffel backen zu können. Je flüssiger der Teig, umso knuspriger der Klemmkuchen.

Tipp: Das »Klemmeisen« ist heute ein elektrischer Hörnchenautomat. Der Klemmkuchen wird noch heiß zu einer Tüte gerollt und kurz vor dem Verzehr mit Schlagsahne gefüllt. Luftdicht verschlossen und kühl gelagert bleibt er etliche Tage frisch. Als Dessert kann man ihn aber auch noch heiß über ein Schälchen legen. Nach dem Erkalten die nun feste Waffelschale zum Beispiel mit frischen Blaubeeren aus dem Fläming und etwas Sahne füllen. Dies sollte aber erst kurz vor dem Servieren geschehen, da die Klemmkuchen sehr schnell aufweichen.

Für 4 Personen:

- 125 g Butter
- 125 g Zucker
- 1 Ei
- 250 g Mehl
- 400 ml Wasser
- 150 ml Malzbier, Milch oder Wasser
- 1 Päckchen Vanillezucker
- Salz
- Schlagsahne
- Blaubeeren

süß

Doppelte RAVIOLI

ZUBEREITUNG

- Den Kürbis mit Schale grob würfeln und auf einem Backblech verteilen. Leicht salzen und mit Olivenöl benetzen. Bei 140 Grad garen, bis er weich und geschmeidig ist.
- In der Zwischenzeit den Nudelteig herstellen. Alle Zutaten gut verkneten, den Teig in Klarsichtfolie einschlagen und kühl stellen (mindestens 1 Stunde ruhen lassen).
- Die Burrata mit Hilfe einer Küchenmaschine fein pürieren, mit Salz und Olivenöl abschmecken und in einen Spritzsack füllen.
- Den weichen Kürbis durch eine Kartoffelpresse drücken und mit Parmesan, Olivenöl, Salz und dem Piment d'Espelette abschmecken und ebenfalls in einen Spritzsack füllen.
- Für die Sauce Estragonblätter, Butter, Pecorino und Pinienkerne mit dem Olivenöl fein mixen und mit Salz abschmecken.
- Nun den Nudelteig dünn ausrollen und die beiden Farcen parallel auf den Teig auftragen.
- Das Ganze wieder mit Teig bedecken und die Ravioli herstellen.
- Das Kalbsbries knusprig braten und warm stellen.
- Die Ravioli kurz in gesalzenem Wasser garen und sie dann in einen Topf mit dem reduzierten Kalbsfond geben und mit Butter binden.
- Nun die Ravioli und das Kalbsbries auf dem Teller anrichten und mit der Sauce beträufeln. Mit den gehobelten Haselnüssen garnieren.

Für 4 Personen:

Nudelteig
- 350 g Mehl
- 150 g Hartweizengrieß
- 150 g Vollei
- 150 g Eigelb

Füllung
- 1 Hokkaido-Kürbis
- 30 g frisch geriebenen Parmesan
- Olivenöl Extra Vergine
- Piment d'Espelette
- Meersalz
- 1 Burrata

Garnitur
- 200 g Kalbsbries geputzt
- 200 ml Kalbsfond
- 30 g Butter
- 10 g Piemonteser Haselnüsse geröstet und gehobelt

Sauce
- 100 g Estragonblätter
- 1 walnussgroßes Stück Butter
- 50 g reifer Pecorino
- 20 g Pinienkerne
- 150 ml mildes Olivenöl Extra Virgin

Rezept Thomas Hübner, Alte Überfahrt

PATRICK SCHWATKE & THOMAS HÜBNER

Alte Überfahrt

Selbst im Herbst sind noch etliche Fahrgäste an Bord, als die Fähre an der Altstadtinsel von Werder anlegt. Von der Anlegestelle sind es nur wenige Schritte bis zum Restaurant »Alte Überfahrt«. Auf der Terrasse am Wasser gibt es im Sommer Kaffee und Kuchen und abends feine Gourmetküche. Drinnen im Restaurant wartet ein modernes Ambiente.

Patrick Schwatke deckt gerade für den Abend ein. Seit Mai 2016 ist er Geschäftsführer und Gastgeber in der »Alten Überfahrt«. Zuvor war der 30-jährige Küchenchef im Beelitzer Kochzimmer – und hat dort einen Stern erkocht. Nun führt er sein eigenes Haus, übernimmt den Service und überlässt die Küche einem anderen. Thomas Hübner machte seine Ausbildung bei Kolja Kleeberg und verbrachte zuletzt zwölf Jahre in Italien. Beide bringen nun ihre Erfahrungen nach Werder und starten gemeinsam neu mit einer gehobenen regionalen Küche, die Thomas Hübner schon eine Nominierung zum Meisterkoch der Region einbrachte. Seine Küche bezeichnet er als »produktorientiert« und so ist ihm auch besonders wichtig, woher die Zutaten für seine Gerichte kommen. Da das Wasser vor der Tür nicht weit ist, findet sich auf der Karte natürlich Fisch, aber auch viel regionales Gemüse, das sie vom »Wolkensteiner Hof« in Jeserig oder aus dem bäuerlichen Familienbetrieb Barth/Remus in Plessow beziehen.

»Die Umstellung von Italien nach Brandenburg war nicht ganz einfach«, sagt Thomas Hübner. »Gerade was das Produktangebot angeht.« Dafür, so sein Eindruck, ist die deutsche Küche aufgeschlossener gegenüber Neuem und kulinarischen Experimenten. Ideen für neue Rezepte, erzählt Thomas Hübner, kommen ihm zum Beispiel beim Radfahren. Dann stellt er sich später in die Küche, probiert und entwickelt neue Gerichte. Wie die hausgemachten Ravioli, die mit cremiger Burrata aus Kremmen und Hokkaido-Kürbis aus Plessow gefüllt sind. So verändert sich die Karte der »Alten Überfahrt« mit den Jahreszeiten. Und der Blick aufs nahe Wasser ist auch jedes Mal anders.

Restaurant Alte Überfahrt
Fischerstraße 48b, 14542 Werder /Havel
Telefon: (03327) 731 33 36
www.alte-ueberfahrt.de

SVEN REMUS & GERD BARTH

Bäuerlicher Familienbetrieb Barth/Remus

Früh um 6 Uhr beginnt der Arbeitstag für Sven Remus und Gerd Barth und er endet meist erst mit der Dunkelheit – im Sommer arbeiten sie bis zu 16 Stunden. Jetzt in der Nachsaison ist es etwas ruhiger, die Erntehelfer sind fort und Vater und Sohn machen sich auf den Weg ins Kürbisfeld, um die reifen Hokkaido-Kürbisse zu ernten.

Seit 1990 gibt es den bäuerlichen Familienbetrieb am Karfunkelberg in Plessow, einem Ortsteil von Werder. Auf 16 Hektar bauen sie Süßkirschen, Pflaumen und Erdbeeren an, aber auch Gemüse wie Blumenkohl, Brokkoli und Bohnen. Das frische Obst und Gemüse verkaufen sie selbst auf Märkten in Werder und in Zehlendorf und sie liefern an Restaurants in der Gegend, wie die »Alte Überfahrt« in Werder.

In dem kleinen Familienbetrieb werden kaum Maschinen eingesetzt, das meiste ist Handarbeit und alle müssen mithelfen. Von den Feldern am Karfunkelberg reicht der Blick weit über die leicht hügelige Landschaft nach Werder. Die Gegend ist ein traditionelles Obstanbaugebiet. Das Wasser ringsherum speichert die Temperatur und wenn es woanders friert, werden die Anbaugebiete um Werder meist verschont. Doch in diesem Jahr hat es auch sie erwischt und der Frost hat zu großen Ernteeinbußen beim Obst geführt. Von biologischer Landwirtschaft sind Sven Remus und Gerd Barth nicht überzeugt. Sie produzieren kontrolliert in einer Dreifelder-Wirtschaft – ein Jahr liegt das Feld brach, dann werden Erdbeeren gepflanzt und im Folgejahr Gemüse. Zur Bodenverbesserung wird unter anderem auch mit Mist eines benachbarten Landwirts gedüngt.

Mit ländlicher Romantik hat ihr Alltag wenig zu tun. Doch wenn die Kirschbäume blühen, sagt Sven Remus, macht er auch mal den Trecker aus und »wenn die Sonne um 5 Uhr aufgeht, dann genieße ich das auch«. Jetzt aber müssen die Kürbisse zu Ende geerntet werden und danach müssen Sven Remus und Gerd Barth noch einmal durch die Himbeeren schauen.

Bäuerlicher Familienbetrieb
»Obst und Gemüse« Barth/Remus
Karfunkelberg 16
14542 Werder/Havel OT Plessow
Telefon: (03327) 427 59

Verkauf:
Sa & So Frischemarkt »Am Strengfeld« – Werder/Havel
Sa & So Frischemarkt »Werder an den Linden« – Werder/Havel

OBSTBAUMSCHNITT

Für die süßen Früchtchen der nächsten Saison ist der richtige Zeitpunkt für den Schnitt entscheidend, denn ob das Wachstum eines Baumes dadurch angeregt oder eher gebremst wird, hängt von der Jahreszeit ab. Der Winterschnitt bei Obstbäumen erfolgt in der Ruhephase. Dann sind die Äste gut zu erkennen und der Baum hat ausreichend Zeit, sich zu erholen. Allerdings sollte es idealerweise frostfrei, auf keinen Fall aber kälter als minus fünf Grad sein. Grundsätzlich können Obstbäume das ganze Jahr über beschnitten werden. Doch gerade bei Jungbäumen sollte der Rückschnitt zwischen Ende Oktober und Anfang April erfolgen. Während der Winterschnitt in der Zeit der Saftruhe das Wachstum anregt, bremst der Schnitt im Sommer die Wuchskraft. Durch den Beschnitt werden alle Äste gut belüftet und der Baum ist weniger krankheitsanfällig; alle Äste bekommen zudem ausreichend Licht und der Baum trägt nicht nur oben Früchte.

Schnittarten

Je nach Alter und Entwicklung eines Obstbaumes sind unterschiedliche Herangehensweisen beim Schnitt gefragt. In den ersten drei bis sieben Jahren erfolgt der Erziehungsschnitt. Er dient der Bildung eines stabilen Astgerüsts. Dazu werden nach innen wachsende Triebe entfernt und die Hauptäste sowie die senkrechte Stammverlängerung gekürzt. Etwa ein bis zwei Drittel können zurückgeschnitten werden – etwas weniger bei schnell wachsenden, etwas mehr bei schwachtriebigen Jungbäumen.

In der nächsten Phase soll das Verhältnis von Wachstum und Fruchtertrag möglichst ausgeglichen sein. Dem dient der Erhaltungsschnitt. Dabei ist es wichtig, Konkurrenzzweige zu entfernen, insbesondere am Mitteltrieb. Ältere, stark verzweigte Partien sollten auch entfernt werden.

Ist ein Baum lange nicht beschnitten worden und liefert kaum noch Früchte, ist ein Verjüngungsschnitt fällig. Hierbei sollte die Krone im Frühjahr ausgelichtet werden. Bildet der Baum dann viele Wassertriebe, sollten diese ebenfalls entfernt werden.

Schnittform

Für Apfel- und Birnbäume ist eine pyramidenförmige Krone, bestehend aus der Stammverlängerung und etwa drei bis vier Leitästen, die um den Baum verteilt wachsen, ideal. Bei Kirschbäumen sollte die Krone eine runde Form haben. Generell gilt: Wird ein Trieb gekürzt, bilden sich neue Triebe, die Krone wird also dichter. Wird ein Zweig aber an der Ansatzstelle entfernt, verteilt sich die Wuchskraft auf die verbleibenden Äste.

Workshops & Infos
bieten zum Beispiel Baumschulen an:
Baumschule Lorberg
www.lorberg.com

KELTEREI
GUTSHOF KRAATZ

ZWEI SCHWESTERN
GUTSHOF KRAATZ
ZWEI SCHWESTERN

zibb EMPFEHLUNG:
BESSER ESSEN!
RADIKAL REGION
zibb
zibb
zibb

Wir kauf
– Äpfel

NOVEMBER

155
Kürbissuppe mit Fischfilet und Kräutern

156
Flammkuchen mit Maronen, Quitten und Ziegenkäse

159
Quitten-Haselnuss-Törtchen mit Quitten-Sanddorn-Eis

160
Geräucherter Fisch mit Apfelwein-Meerrettich-Sauce

161
Emma Müller & Florian Profitlich
Gutshof Kraatz

163
Michael Wickert
Glut & Späne

165
Vorgestellt
Biobauernhöfe in Brandenburg

Kürbissuppe mit FISCHFILET und KRÄUTERN

Rezepte für Kürbissuppe gibt es (fast) so viele wie Köche. Michaela Leidreiter verwendet neben Hokkaidokürbis auch Möhren und Kartoffeln und kombiniert alles mit frischem Fisch und Kräutern. Langweilig wird der Kürbis so schnell also nicht und sein niedriger Kalorien- und Fettgehalt machen ihn noch dazu zu einem idealen Gemüse für leichte Gerichte. Insbesondere der Hokkaido punktet im Gegensatz zu seinen Verwandten mit einem deutlich höheren Umfang an Nährstoffen. Gleichzeitig wirkt er, wie alle Kürbissorten, auf natürliche Weise entwässernd, indem er die Nieren- und Blasenaktivität anregt.

ZUBEREITUNG

- Den Kürbis aushöhlen und in mundgerechte Stücke schneiden. Kartoffeln und Möhren schälen und kleinschneiden. Kürbis, Möhren und Kartoffeln zusammen mit den Brühwürfeln und einem halben Liter Wasser nicht zu weich kochen. 2 Tassen davon entnehmen, pürieren und zurück in den Kochtopf geben. Fischfilet säubern, säuern und salzen und zusammen mit der Zwiebel anbraten, in den Topf zu dem Gemüse geben. Gegebenenfalls Wasser zufügen, um die gewünschte Sämigkeit zu erreichen. Zusammen mit Knoblauch, Gewürzen, Zucker und den feingehackten Kräutern kurz ziehen lassen und abschmecken. Mit einem guten Schuss Sahne und einem Spritzer Zitrone verfeinern und mit frischer Petersilie bestreuen.

Für 4 Personen:

- 1 Hokkaido-Kürbis
- 4 mittelgroße Kartoffeln
- 3 Möhren
- 300 g Fischfilet
- 1 Zwiebel
- 1 Knoblauchzehe, gehackt
- 2 Würfel Gemüsebrühe
- Pfeffer, Paprikapulver, etwas Chili, Prise Zimt, Ingwer
- ½ TL Zucker
- Kräutermischung aus Liebstöckel, Petersilie, Salbei
- ein Spritzer Zitrone
- ein Schuss Sahne
- frische Petersilie

Suppe

FLAMMKUCHEN

mit Maronen, Quitten und Ziegenkäse

Im September und Oktober haben Quitten Saison. Zeit also, sie in ihrer Vielseitigkeit vorzustellen. Früher gab es hierzulande rund 200 Sorten. Davon sind nur noch wenige geblieben. Zum einen gibt es die herbe Apfelquitte und die mildere Birnenquitte. Junge Früchte sind von einem dichten, öligen Flaum bedeckt. Dieser Flaum enthält Bitterstoffe und muss vor der Verarbeitung gründlich, am besten mit einem groben Tuch, entfernt werden. Anschließend werden die Quitten geschält, entkernt, klein geschnitten und gekocht bzw. gedünstet. Damit die Quitten bei der Verarbeitung nicht braun werden, beträufelt man sie mit etwas Zitronensaft.

ZUBEREITUNG

- Das Mehl mit dem Salz und dem Zucker vermischen. Das Wasser dazugeben und zu einem Teig verarbeiten. Den Teig eine halbe Stunde ruhen lassen.
- Die Quitte gründlich waschen, trockentupfen und in dünne Scheiben hobeln. Die Maronen klein schneiden. Den Schinkenspeck klein zupfen, die Lauchzwiebeln in Ringe schneiden.
- Den Teig auf leicht bemehltem Backpapier zu zwei Flammkuchen ausrollen. Die Flammkuchen zunächst mit dem Schmand bestreichen und Olivenöl darüber geben. Danach die Flammkuchen mit dem Ziegenkäse, den Quitten, den Maronen, dem Schinken und den Lauchzwiebeln belegen und etwas pfeffern.
- Im vorgeheizten Ofen bei 250 Grad ca. 12 Min. backen.
- Zum Schluss einige gehackte Rosmarinnadeln darüber geben und mit etwas rosa Pfeffer würzen. Eventuell noch nachsalzen.

Für 4 Personen:

- 250 g Weizenmehl Type 550
- 150 ml lauwarmes Wasser
- ½ TL Salz
- 2 Msp. Zucker braun Rohzucker
- 6 EL Schmand
- 120 g Ziegenfrischkäse
- 1 Quitte
- 100 g vorgekochte Maronen
- 2 Scheiben Schinkenspeck
- 1,5 Lauchzwiebelstangen
- 1,5 EL Olivenöl Extra Vergine

aus dem Ofen

zibt
zibt

süß

Für 12 Muffins:

- 1 Muffinform für 12 Muffins – am besten aus Silikon

Mürbeteig
- 50 g Zucker
- 100 g Butter (Zimmertemperatur)
- 150 g Mehl
- 1 Ei
- eine Prise Salz
- etwas Mehl zum Ausrollen

Füllung
- 3 Eier
- 2–3 Quitten
- 6 EL brauner Zucker
- 6 EL Haselnüsse gemahlen
- Abrieb (Zesten) von einer halben Zitrone

Sanddorn-Quitten-Eis
- 300 ml Sanddornsaft
- 400 g Quitten (klein geschnitten und geschält)
- 250 ml Milch (3,8 %)
- 250 g Sahne
- 5 Eigelbe (Größe M)
- 100 g Zucker
- 150 g Honig (je nach Geschmack kann man auch etwas mehr oder weniger nehmen)

Quitten-Haselnuss-Törtchen mit QUITTEN-SANDDORN-EIS

ZUBEREITUNG

- Mürbeteig

Alle Zutaten sehr gut verkneten und einen geschmeidigen Teig herstellen. Den Teig in Folie einwickeln und ca. 2 Stunden kalt stellen. Den Teig in 12 kleine Kugeln aufteilen und mit etwas Mehl bestäuben. Rund ausrollen und in die Muffin-Förmchen drücken.

- Füllung

Die Quitten schälen und in kleine Spalten schneiden. Mit ca. 1 EL Zucker bestreuen und marinieren lassen.
Die Eier trennen. Das Eiweiß steif schlagen. Das Eigelb zusammen mit dem restlichen Zucker schaumig schlagen. Dann die gemahlenen Haselnüssen und die Zitronenzesten darunter rühren. Das Eiweiß unterheben.
Nun die Masse in die kleinen Formen füllen. Die Quitten-Stücke leicht hineindrücken, aber noch etwas herausragen lassen.
Ca. 20 Min. in dem auf 180 Grad vorgeheizten Ofen backen lassen, bis die Törtchen goldgelb sind.

- Sanddorn-Quitten-Eis

Die Quitten schälen, entkernen und mit dem Honig in einer Pfanne anschwitzen, den Sanddornsaft dazu geben und weich garen lassen. Grob pürieren.
Milch und Sahne erhitzen, kurz aufkochen und etwas abkühlen lassen. In einem zweiten Topf ein heißes Wasserbad vorbereiten.
Eigelbe und Zucker in eine Metallschüssel geben und mit einem Schneebesen glatt verrühren.
Die leicht abgekühlte Sahnemilch (sie darf nicht zu heiß sein, damit das Eigelb nicht stockt) in die Eigelb-Zucker-Mischung gießen und zügig unterrühren. Die Schüssel mit der Eiermilch auf das heiße Wasserbad setzen, ohne dass sie das Wasser berührt. Die Eismasse mit einem Schneebesen ca. 8–10 Min. cremig aufschlagen.
Nun die Sanddorn-Quitten-Mischung zu der Schüssel mit der Eismischung geben und gut vermengen.
Zum Abkühlen in ein eiskaltes Wasserbad stellen und ca. 6–8 Min. kalt rühren. Dann in eine Eismaschine füllen.

Geräucherter Fisch MIT APFELWEIN-MEERRETTICH-SAUCE

ZUBEREITUNG

• Apfelwein-Meerrettich-Sauce
Die Butter erhitzen. Apfel, Zwiebel und Lorbeerblatt dazugeben, Zwiebel glasig werden lassen, mit Wein ablöschen und köcheln lassen. Meerrettich und Gewürze dazugeben und mit der Sahne auffüllen, weiter köcheln lassen. Je nach Geschmack Zitronenabrieb dazugeben und gegebenenfalls mit Speisestärke andicken.

• Pastinaken-Kartoffel-Stampf
Pastinaken und Kartoffeln getrennt gar kochen, Kochflüssigkeit abschütten (einen Teil auffangen). Die Pastinaken und die Kartoffeln stampfen, ein wenig Gemüsebrühe/Kochflüssigkeit dazugeben, bis die gewünschte Konsistenz erreicht ist. Alles mit einem Schneebesen mischen, gehackte Petersilie unterrühren und mit Salz und Muskatnuss abschmecken. Ein Stück Butter untermischen, alternativ kann auch etwas Kürbiskernöl zu dem Stampf gegeben werden. Mit frisch gemahlenem schwarzem Pfeffer servieren.

• Apfelchutney
Das Öl erhitzen und Curcuma dazugeben. Dann die Zwiebeln, Zucker und Lorbeer dazugeben und leicht anschmoren. Äpfel, Ingwer und die Chilischote dazugeben und weiter schmoren lassen. Mit dem Apfelsaft ablöschen, falls mehr Säure gewünscht ist, etwas Apfelwein dazugeben. Das Chutney wie ein Kompott einkochen lassen und mit Essig und Sojasauce abschmecken.

• Die Forellen filetieren (von der Haut befreien und auf Gräten prüfen) und zum Stampf, dem Chutney und der Sauce anrichten.

Für 4 Personen:

- 2 Räucherforellen

Apfelwein-Meerrettich-Sauce
- 1 EL Butter
- 1 gewürfelte Zwiebel
- 1 gewürfelten Apfel
- 100 g geriebener Meerrettich
- 150 ml Apfelwein
- 200 ml Sahne
- Salz, Pfeffer, scharfes Paprikapulver, Lorbeer

Pastinaken-Kartoffel-Stampf
- 500 g geschälte Pastinaken
- 500 g mehlig kochende Kartoffeln
- Gemüsebrühe, flüssig
- Salz und Pfeffer, frischer Muskat
- gehackte glatte Petersilie

Apfelchutney
- 8 Äpfel, kleingeschnitten
- 2 kleingehackte Zwiebeln
- 1 halbe Chilischote, fein gehackt
- 1 daumengroßes Stück Ingwer, feingerieben
- 3 EL Sonnenblumen-Öl
- Curcuma, Lorbeerblätter, Zucker, Apfelsaft, Apfelwein, Apfelessig, Sojasauce

EMMA MÜLLER & FLORIAN PROFITLICH

Gutshof Kraatz

Sie waren auf der Suche nach einem Wochenendhaus, als sie eines Tages vor dem alten Getreidespeicher im kleinen Örtchen Kraatz in der Nordwestuckermark standen. Da wussten Edda Müller und Florian Profitlich, dass sie ihr Haus auf dem Land gefunden hatten. Sie kauften das marode Gebäude, fingen mit Hilfe lokaler Handwerker an zu sanieren und zogen bald ganz aus Berlin raus, hängten ihren Beruf als Cutterin und Architekturfotograf an den Nagel und bauten eine Obstkelterei auf. 16 Jahre später ist daraus ein gut laufendes Unternehmen geworden, die Apfelweine aus Kraatz wurden schon mehrfach ausgezeichnet. In der zur Kelterei umgebauten Scheune werden alte geschmacksintensive Apfel- und Birnensorten in traditioneller Handarbeit zu Wein und Saft verarbeitet. Das Obst stammt von den Streuobstwiesen und aus den Gärten der Region. Im Café bietet Edda Müller selbst gebackenen Kuchen an, außerdem die hauseigenen sortenreinen Apfelsäfte wie »Goldparmäne«, »Landsberger Renette« oder »Finkenwerder Herbstprinz«. Auch Obstbrände und Fruchtaufstriche gibt es zu kaufen und in der Weinschänke werden kleine Gerichte mit Zutaten aus der Region angeboten. Entsprechend kommt das Gemüse von einem Bio-Hof aus dem Nachbardorf. Inzwischen gehört auch der junge Fischer Michael Wickert aus Gerswalde zu ihren Lieferanten. Für seine geräucherte Forelle hat Köchin Nicole Hofen ein neues Gericht auf die Karte genommen, das die Aromen der Region verbindet – den Räucherfisch kombiniert sie mit Apfel-Chutney, dazu bereitet sie Kartoffel-Pastinaken-Stampf mit Apfel-Meerrettich-Sauce. Mit den Zutaten aus dem Umland wollen sie die Kreisläufe in der Region stärken und erhalten, erklärt Edda Müller: »Mir ist wichtig, dass ich weiß, woher die Produkte kommen, die wir verarbeiten. Das ist bei den Äpfeln der Fall, die wir in der Kelterei verarbeiten. Und eine Forelle aus dem Nachbarort finde ich viel spannender als einen Thunfisch aus dem Großhandel.«

Gutshof Kraatz
Florian Profitlich & Edda Müller

Schloßstraße 7
17291 Nordwestuckermark/OT Kraatz
Tel: (039859) 639 76

Öffnungszeiten Weinschänke
Do u. Fr 14–21 Uhr
Sa 12–21 Uhr
So 10–18 Uhr

geöffnet von Ostern bis Ende Oktober

MICHAEL WICKERT

Glut & Späne

Mit sechs Jahren bekam Michael Wickert seine erste Angel geschenkt. Seitdem dreht sich in seinem Leben (fast) alles um Fisch. Er zog vom Bodensee nach Berlin, studierte Fischereiwissenschaft an der Humboldt-Universität, arbeitete in der Schweiz, leitete einen Betrieb in Frankreich und lebt nun in der Uckermark. In Gerswalde baut er das ehemalige Heizhaus der Alten Schlossgärtnerei zu einer Landräucherei mit Hofimbiss um.

Heute bereitet Michael Wickert Forellen vor. 24 Stunden waren diese in einem Kräuter-Salz-Sud eingelegt. Michael Wickert hängt die Fische auf Haken und heizt seinen Räucherofen an – zunächst mit Kiefernholz, dann kommen Erlen und Buchenscheite und später noch Wildkirschenholz dazu. »Jeder Fischer hat eine individuelle Mischung, welches Holz er verwendet«, erklärt Michael Wickert. Sein Holz kommt aus der Region aus der direkten Nachbarschaft von Gerswalde. Als das Feuer lodert, hängt er die Fische in den Ofen. Alle paar Minuten kontrolliert er Rauchentwicklung und Temperatur, reguliert die Luftzufuhr und legt Holz nach. Räuchern, sagt Michael Wickert, braucht Zeit, viel Erfahrung und den richtigen Ofen. Michael Wickert hat sich nach seinen Vorstellungen einen aus Metall bauen lassen. Während die Forellen darin bei niedriger Temperatur langsam trocknen und garen, holt er Salbei und Rosmarin aus dem Garten, wirft die Kräuter gegen Ende des Räucherprozesses ins Feuer und bedeckt es mit feinen Buchenspänen. Der Rauch gibt dem Fisch das besondere Aroma, ohne seinen Eigengeschmack zu überdecken.

Seine Fische wie Forelle, Barsch oder Karpfen kommen aus Seen in der Uckermark von Binnenfischereibetrieben in Angermünde, Prenzlau und Templin. »Es gibt nur noch ganz wenige davon, das ist ein großer Schatz, und mit meiner Arbeit möchte ich diese Betriebe unterstützen«, sagt der Berufsfischer. Ab 2018 wird er selbst Gewässer pachten, von Hand angeln und einen kleinen Fischereibetrieb aufbauen. Seinen geräucherten Fisch verkauft er samstags direkt am Hof in Gerswalde, in der Woche auf Street-Food-Märkten und über die Plattform »Marktschwärmer« in Berlin. Oder er beliefert Restaurants, wie den Gutshof Kraatz. Dorthin liefert Michael Wickert die Forellen – noch warm packt er sie in eine Kiste und macht sich auf den Weg, seinen duftenden Fisch auszuliefern.

Glut & Späne · Landräucherei Uckermark
Dorfmitte 11, 17268 Gerswalde
Mai bis Dezember immer samstags ab 12 Uhr
www.glutundspaene.de

VORGESTELLT

Biobauernhöfe in Brandenburg

In Berlin und Brandenburg gibt es ca. 1,3 Millionen Hektar landwirtschaftliche Nutzfläche und während die Zahl der konventionell arbeitenden Betriebe stetig sinkt, steigt die der ökologischen Bauern. Etwa zwölf Prozent aller landwirtschaftlichen Unternehmen wirtschaften nach ökologischen Grundsätzen – mehr als im Bundesdurchschnitt. Wer ein Leben als Landwirt wählt, wählt auch harte Arbeit.

Eidentity – Jungbauern mit Ambitionen

Im Jahr 2015 sind Lisa Wiese und Mario Reißlandt in ihr Leben als Jungbauern gestartet, auf dem Gut Sonnenburg, am Rande des Oderbruchs. Die größte Schwierigkeit bestand darin, überhaupt an Land zu kommen, denn auf Ackerland wird viel spekuliert. 31 Hektar haben die beiden nun gepachtet, zehn davon bestellen sie mit Nutzhanf, Kartoffeln, Gemüse und Kräutern. Außerdem halten Lisa und Mario auch Hühner, in einem mobilen Stall. Den haben sie selbst umgebaut und mit ihm ziehen die Hühner nun alle zwei Wochen an einen neuen Standort, damit auch immer genug Grünfutter zur Verfügung steht. Eidentity heißt ihre Eiermarke. Eier und Gemüse gibt es auf dem Hof oder in Form einer Gemüsekiste direkt an die Haustür.

Gut Schmerwitz – Biolandbau im Großformat

Das Gut Schmerwitz im Hohen Fläming gehört zu den größten Biolandbetrieben Brandenburgs und auch zu den ältesten. Der Betrieb war vor der Wende ein volkseigenes Gut. Nach der Wende übernahm ein Suchthilfeverein die Trägerschaft und im Jahr 2000 erwarb die Familie van Schoonhoven schließlich das alte Gut. Seit den neunziger Jahren wird hier bereits nach ökologischen Prinzipien Landwirtschaft betrieben.

Betriebsleiterin Rita Neumann ist seit 1970 auf dem Gut Schmerwitz tätig. Zusammen mit ihrem Team bestellt sie 1500 Hektar Land. Darauf wächst hauptsächlich Getreide, außerdem gibt es Streuobstwiesen und auch etwas Viehzucht, natürlich ebenfalls bio. Unterstützt werden die Landwirte auf dem Gut Schmerwitz durch modernste Technik. So wird zum Beispiel mithilfe von GPS-gesteuerten Maschinen gesät und geerntet.

Bio-Gemüse und Eier aus dem Oderbruch
Lisa Wiese & Mario Reißlandt
Sonnenburg 12, 16259 Bad Freienwalde
geöffnet samstags von 10–12 Uhr
www.eidentity.org

Hofladen Gut Schmerwitz
Schmerwitz Nr. 8
14827 Wiesenburg / OT Schmerwitz
geöffnet Mo–Fr 9–17 Uhr
www.gut-schmerwitz.de

DEZEMBER

169 Kleine Mangoldpäckchen mit Kürbismousse

170 Rehrücken mit Kartoffelgratin

173 Sorbet vom gebackenen Boskop

174 Nusszopf

175 Sarah Hallmann – Hallmann & Klee

177 Fritz Lloyd Blomeyer – Blomeyers Käse

Kleine MANGOLDPÄCKCHEN mit KÜRBISMOUSSE

Im zibb Kochclub hat Köchin Petra Rimkus ein Jahr lang den Hobbyköchen aus Berlin und Brandenburg mit Rat und Tat zur Seite gestanden. Zum krönenden Abschluss des Jahres zaubert die Profiköchin persönlich das zibb Weihnachtsmenü – und beginnt mit einer Vorspeise, die schon ein wenig ans Geschenkeauspacken erinnert. Ihre gefüllten Mangoldpäckchen überraschen im Inneren mit einem cremigen Kürbismousse und herzhaftem Ziegenkäse. Da beginnt die Bescherung schon am festlich gedeckten Tisch!

ZUBEREITUNG

- Den Kürbis waschen und im Ganzen in den Backofen legen, bei 180 Grad ca. 20 Min. backen.
- 4 große Blätter Mangold abtrennen, vom Stiel entfernen (die Stiele werden nicht benötigt) und wenige Sekunden in kochendem Wasser blanchieren. Abgießen und in eine große Schüssel mit kaltem Wasser geben.
- Kleine Souflé-Förmchen großzügig einbuttern und mit den trockengetupften Mangoldblättern so auslegen, dass diese über den Rand hängen.
- Ein paar weitere Blätter Mangold vom Stiel befreien und in feine Streifen schneiden. Die Schalotte schälen und fein würfeln. Beides zusammen in einer Pfanne mit etwas Butterschmalz kurz anbraten.
- Den Kürbis von den Kernen befreien und leicht pürieren. Nun die Kürbiscreme mit dem gebratenen Mangold, dem Ziegenkäse, 2 Eiern, etwas Honig, Salz und Pfeffer gut vermengen, sodass eine homogene Masse entsteht. Diese Masse in die Auflaufformen geben, die überhängenden Blätter darüber schlagen (eventuell unbedeckte Stellen mit weiteren Blättern belegen), sodass der Flan vollständig bedeckt ist.
- Bei 180 Grad ca. 20 Min. backen.

Für 4 Personen:

- 1 kleine Staude Mangold (ca. 6 große Blätter)
- 100 g Ziegenrolle / Frischkäse
- ½ kleinen Hokkaidokürbis
- 1 Schalotte
- 2 Eier
- 2 El Honig
- Salz & Pfeffer
- 4 Kleine Souflé-Förmchen

vegetarisch

REHRÜCKEN mit Kartoffelgratin

Das beste Stück vom Wild – Petra Rimkus gart den mageren Rehrücken langsam bei niedriger Temperatur, sodass Geschmack und Saftigkeit des Fleisches erhalten bleiben. Etwas aufwändiger ist der Wild-Portwein-Jus, der sich aber gut vorbereiten lässt. Eine große Portion Vitamine bringt dann der Spitzkohl auf den Teller. Denn eine Besonderheit aller Kopfkohlarten ist ihr Gehalt an Ascorbigen, einer Vorstufe des Vitamin C. Durch schonendes Kochen wird aus Ascorbigen Vitamin C gebildet. Mit einer Portion gekochtem Kohl ist der Tagesbedarf gedeckt.

ZUBEREITUNG

- Rehrücken

Das Fleisch 1 bis 2 Stunden vor der Zubereitung aus dem Kühlschrank nehmen, damit es Zimmertemperatur annehmen kann. Denn bei der kurzen Bratzeit wäre es in der Fleischmitte noch kalt, wenn es direkt aus dem Kühlschrank in den Ofen käme. Den Rehrücken auslösen und die Silberhaut abziehen. Das Fleisch von allen Seiten anbraten, damit sich die Poren schließen und möglichst wenig Saft verloren geht. Rosmarin und Thymian dazu geben. Den Braten bei 80 bis 90 Grad im vorgeheizten Ofen garen. Je nach Größe des Fleisches ca. 1,5 Stunden bei Ober-/Unterhitze. Die Kerntemperatur von 55 bis 60 Grad sollte erreicht werden. (Das Fleisch soll auf Fingerdruck gut nachgeben und nicht zu stramm sein, aber auch nicht so weich wie z. B. gekochte Pilze.) Das Fleisch aus dem Ofen nehmen und an einem warmen Ort einige Minuten ruhen lassen. Dabei steigt die Temperatur je nach Fleischdicke noch an. Am Ende der Ruhezeit hat das Fleisch noch einen leichten rosa Schimmer und es ist saftig, da die Fleischfasern sich nur wenig verkürzt und noch einiges an Fleischsaft gebunden haben.

- Wild-Portwein-Jus

Den Ofen auf 200 Grad vorheizen. Zwiebeln, Möhren und Sellerie schälen und in grobe Stücke schneiden. Die Knochen in einem großen Bräter verteilen. Den Bräter in den vorgeheizten Ofen stellen und die Knochen goldbraun rösten, dabei öfter wenden. Eventuell vorhandene Parüren nach 10 Min. zufügen und mitrösten. Gemüse zufügen und Farbe nehmen lassen. Nach und nach den Rotwein dazu gießen und bei jedem Schritt fast völlig einkochen lassen. Die Knochen mit kaltem Wasser abdecken. Kräftig umrühren und den Bratansatz lösen. Knochen, Gemüse und die gesamte Flüssigkeit aus dem Bräter in einen entsprechend großen Topf umfüllen. Alles aufkochen, dabei mehrmals den Schaum abschöpfen. Gewürze und Kräuter einlegen, alles 2 bis 2 ½ Std. kochen. Den Jus passieren, nach Bedarf reduzieren und, falls nötig, entfetten.

- Spitzkohl

Den Spitzkohl gut waschen und in ca. 1 cm breite Streifen schneiden. Etwas Butter oder Albaöl in einem Bräter zerlassen und die Zwiebeln glasig werden lassen. Ca. 4 Esslöffel Puderzucker darüber geben und kurz karamellisieren lassen. Dann den Spitzkohl zugeben und anbraten. Er sollte auf jeden Fall leicht braun werden, damit er sein typisches Aroma entfaltet. In einem Mixer die Nüsse mit dem Apfelsaft, Haselnussöl und etwas Salz und Pfeffer mixen bis die Haselnüsse etwas zerkleinert sind. Diese Mischung angießen und den Spitzkohl unter Rühren schmoren. Mit Salz, Pfeffer und einer Prise frisch geriebenem Muskat abschmecken.

- Fenchel-Kartoffel-Gratin

Die Kartoffeln schälen, waschen und mit einer Reibe in möglichst dünne Scheiben hobeln. Den Fenchel waschen und ebenfalls fein

hobeln. Alles gut mit einander vermengen, dabei kräftig mit Pfeffer und Salz würzen, und ca. 200 ml Sahne dazu geben. Den Parmesan reiben. Den Thymian abzupfen. Den Thymian und die Hälfte des Parmesans dazugeben, nochmal vermengen und alles gut in eine Auflaufform drücken. Eventuell mit Gemüsebrühe auffüllen, so dass die Masse grade eben so bedeckt ist, wenn man sie fest andrückt. Den restlichen Parmesan obendrauf verteilen. Bei ca. 180 Grad für 30 bis 40 Min. im Ofen knusprig braun backen lassen.

Wild

Für 4 Personen:

- Rehrücken, ca. 150–180g/Person
- Je 1 Zweig Rosmarin und Thymian

Wild-Portwein-Jus

- 2 große Zwiebeln
- 2 große Möhren
- ½ Knollensellerie
- 2 kg Wildknochen
- 1 l Rotwein
- ¼ l Portwein
- 10 Pfefferkörner
- 1 Lorbeerblatt
- 2 Gewürznelken & Pimentkörner
- 2 Thymianzweige
- 4 Knoblauchzehen

Spitzkohl

- 400 g Spitzkohl
- 1 Zwiebel
- 1 Handvoll Haselnüsse
- 2 EL Haselnussöl
- 100 ml Apfelsaft
- Puderzucker, Salz, Pfeffer, Muskatnuss
- Etwas Butter oder Albaöl (Rapsöl mit Butteraroma)

Fenchel-Kartoffel-Gratin

- 300 g Kartoffeln
- ½ große Fenchelknolle
- ca. 1 EL Thymian
- 50 g Parmesan
- Salz und Pfeffer
- 120 ml Sahne
- etwas Gemüsebrühe

Sorbet vom GEBACKENEN BOSKOP

Der Boskop ist der klassische Winterapfel schlechthin und gehört zu den beliebtesten alten Apfelsorten. Kein Wunder, denn er ist vielseitig verwendbar: Für Apfelmousse, zum Backen, Einkochen oder Mosten eignet er sich hervorragend ebenso wie als Bratapfel. Petra Rimkus verwandelt den saftig-säuerlichen Apfel in ein winterliches Sorbet mit leichter Zimtnote. Nach den herzhaften Gängen ist das der erfrischende Abschluss des zibb Weihnachtsmenüs.

ZUBEREITUNG

- Sorbet

Die Äpfel mit einem Entkerner entkernen und für ca. 20 Min. bei 180 Grad in den Ofen geben. Dann die Äpfel etwas abkühlen lassen.

Wasser, Zucker, Mohn, den Abrieb von einer Zitrone, 1 Prise Lebkuchen-Gewürz und den Zimt dazugeben. Mit einem Mixer alles sehr fein pürieren.

Das Eiweiß steif schlagen und vorsichtig unter die etwas erkaltete Apfelmasse heben. Die Masse in eine Eismaschine geben und kalt rühren lassen. Dann eine weitere Stunde ins Gefrierfach geben.

Wer keine Eismaschine hat, gibt die Masse in ein relativ breites Gefäß und stellt sie in den Tiefkühlschrank. Hierbei sollte man das Sorbet jedoch alle 20 Min. kräftig umrühren, bis es fest geworden ist.

- Karamelsauce

Den Zucker in einem kleinen Topf schmelzen lassen. Dabei darauf achten, dass er nicht verbrennt, da sonst das Karamell bitter wird. Wenn die gewünschte Bräune erreicht ist, langsam die Sahne und das Salz unterrühren und auflösen.

Für 4 Personen:

- 4 Saure Äpfel – idealerweise Boskop
- 20 g gemahlenen Mohn
- Abrieb von einer Zitrone
- 1 EL Zucker
- 1 Prise Lebkuchen-Gewürz
- 1 Prise Zimt
- 100 g Zucker
- 100 ml Wasser
- 2 Eiweiß

Karamellsauce
- 300 g Zucker
- 1 Prise Salz
- 180 g Sahne

süß

Nusszopf

HALLMANN & KLEE

Der Hefe-Zopf mit Nussfüllung gehört zu den Klassikern auf der winterlichen Frühstückskarte im Hallmann & Klee.

ZUBEREITUNG

- Mehl und Zucker in einer großen Schüssel mischen, in der Mitte eine Mulde machen. Milch und Butter in einem Topf erwärmen und darin die Hefe lösen, anschließend nach und nach in das Mehl einarbeiten. Die restlichen Zutaten hinzugeben und so lange kneten, bis ein glatter Teig entsteht. Den Hefeteig nun zwei Stunden gehen lassen.
- In der Zwischenzeit die Füllung zubereiten. Dafür alle Zutaten miteinander mischen, bis eine geschmeidige Masse entsteht.
- Nach der Ruhezeit den Teig zu einem Rechteck ausrollen und mit der Füllung bestreichen. Den Teig nun von einer Seite aufrollen und der Länge nach aufschneiden. Nun die beiden Teile flechten, zu einem Kranz schließen und nochmal zwei Stunden gehen lassen.
- Dann kommt der Zopf für 10 Min. bei 200 Grad in den vorgeheizten Backofen, danach weitere 45 Min. bei 160 Grad fertig backen. Den Zopf abkühlen lassen.
- Für den Zuckerguss den Zitronensaft mit dem Puderzucker verrühren. Zum Schluss den Zopf mit dem Zuckerguss bestreichen und servieren.

Für 1 Nusszopf:

Teig
- 1 kg Bio-Mehl Typ 550
- 1 Würfel Bio-Hefe
- 150 g Zucker
- 500 ml Milch
- 250 g Butter
- 2 Eier
- 2 Eigelbe
- Abrieb von einer Zitrone
- Vanille

Füllung
- 400 g geröstete und gemahlene Haselnusskerne
- 200 ml Sahne
- Zucker nach Belieben
- Zimt nach Belieben
- 1 Ei
- 2 Prisen Salz

Zuckerguss
- 250 g Puderzucker
- Saft einer Zitrone

SARAH HALLMANN

Hallmann & Klee

Während der Neuköllner Ortsteil Rixdorf noch verschlafen in der morgendlichen Berliner Dezembertrübe ruht, herrscht im Restaurant Hallmann & Klee schon reges Treiben. An der Theke lehnt Sarah Hallmann, eine der Gründerinnen. Im April 2016 hat das Hallmann & Klee eröffnet und seither geben sich die Kunden vom Frühstück bis zum Abendessen die Klinke in die Hand.

Mit dem schnellen Erfolg hat Sarah Hallmann nicht gerechnet. Eigentlich wollte sie langsam in den eigenen Laden starten, deswegen gab es auch keine Werbung. Weil in der Berliner Gastronomieszene gerne neue Läden gefeiert werden, die dann ebenso schnell wieder verschwinden, wollte sie es anders machen, auf Dauer gut sein.

Nach ihrem Studium hat sich die gebürtige Stuttgarterin noch mal umorientiert und schließlich eine Ausbildung zur Köchin begonnen – gleich ganz oben, bei Sternekoch Michael Kempf in Berlin. Dass sie sich einmal selbstständig machen will, wusste sie damals schon. Bis zur Eröffnung war es trotzdem ein langer Weg. Den passenden Laden zu finden, hat fast eineinhalb Jahre gedauert, bis zur Eröffnung dann noch ein weiteres.

Das Hallmann & Klee zieht inzwischen Leute aus der ganzen Stadt an. Von Hipstern bis hin zu älteren Damen, die in ihrem Kiez wieder gepflegt einen Kaffee trinken können, reicht das Publikum.

Sarah Hallmann bietet gute, alltagstaugliche Speisen an. Viele ihrer Produkte stammen aus der Region, aber noch wichtiger ist Sarah Hallmann das Handwerk, das in den Sachen steckt. »Gut und ehrlich« müssen die Lebensmittel sein, die dann auf der kleinen Karte landen.

Der Renner auf der Frühstückskarte sind die Dinkel-Pancakes mit Blaubeeren oder »das Brett« mit Käsespezialitäten von Fritz Lloyd Blomeyer. Im Hallmann & Klee wird auch selbst gebacken – vom Laugenbrötchen über Ciabatta bis hin zum Nusszopf, für den die Leute in der Winterzeit besonders gern hierher kommen.

Hallmann & Klee
Böhmische Straße 13, 12055 Berlin

Öffnungszeiten
Mi–Sa 9.30–22 Uhr, So 9.30–18 Uhr
www.hallmann-klee.de

St. Barbara
Imberger Bauernkäse
2.20
Schwarzbierkäse
2.20
Blauweißer Blauroter
2.20

FRITZ LLOYD BLOMEYER

Blomeyers Käse

Wenn man Fritz Lloyd Blomeyer nach Käse fragt, umgibt ihn ein Strahlen, die Augen leuchten und die Worte sprudeln nur so aus ihm heraus. Blomeyer ist Affineur, ein Käseveredler, der bewiesen hat, dass guter Käse nicht aus Frankreich kommen muss, sondern auch hierzulande hergestellt wird.

Geboren in Berlin, aufgewachsen in Niedersachsen, ein angefangenes Jurastudium und dann, schließlich, die Hinkehr zur Leidenschaft, zur Kulinarik. Als ihn ein Freund aus Südafrika besuchte und Blomeyer ihm eine Käseplatte anbieten wollte, dafür aber kreuz und quer durch die Stadt fahren musste, war die Sache klar: Käse soll es sein und zwar der beste.

Er ist durch fünf Käsereien gegangen, um die unterschiedlichen Veredelungstechniken zu studieren, hat sich ein Netzwerk aufgebaut, sich einen Namen gemacht. Heute beliefert er Berlins edelste Restaurants. Seine Produkte bezieht er nur von Menschen, die er persönlich kennt, die sogar nach seinen Wünschen produzieren. Wichtig sind ihm auch die Produktionsbedingungen. Ein guter Käse kann nur entstehen, wenn die Tiere artgerecht gehalten und gefüttert werden.

Käse muss eine Dramaturgie haben: einen Anfang, eine Mitte und einen Abgang. Die Zunge ist die Bühne dafür. Bei Käsen aus dem Supermarkt hört das Erlebnis nach dem Anfang meistens auf. Nicht so in Blomeyers Laden. An die 50 Sorten hat er im Angebot. Im eigenen Käsekeller veredelt er Käse auf Nachfrage. Der mit Abstand beste Käse aus Brandenburg stammt vom Capriolenhof, so Blomeyer. Man schmecke den Ehrgeiz der darin steckt, die Mühe, das Beste aus der Milch herauszuholen.

Fragt man ihn nach Zielen, wird der Berliner Käsemeister plötzlich ganz bescheiden. »Genießen«, sagt er, »so viel wie möglich und sich über die kleinen, schönen Dinge im Leben freuen.«

Blomeyers Käse
Pestalozzistraße 54a, 10627 Berlin
www.blomeyer.biz

zibb

ANHANG

DER SAISONKALENDER

für regionales Obst und Gemüse

Erdbeeren zu Weihnachten, Spargel im Herbst, Äpfel im Frühling – fast jedes Obst und jedes Gemüse gibt es heute im Supermarkt zu jeder Jahreszeit zu kaufen. Der globalisierte Handel, schnelle Transportwege und moderne Lagerverfahren machen das möglich. Dabei hat es viele Vorteile, auf saisonale Produkte zu achten. Die Ware ist besonders frisch und meistens aus der Region, was wiederum die Umwelt schont, solange die Ernte nicht aus energieaufwendigen Treibhäusern stammt.

Zwischen Juni und Oktober ist in Deutschland Freilandsaison und die Auswahl an Gemüse ist zu dieser Zeit am größten. Doch auch im Winter gibt es einige Gemüsesorten frisch von der Ernte, insbesondere Kohl und Rüben haben dann Saison. Das heimische Obst startet im April mit der Erntezeit. Der Rhabarber ist dann reif. Im Sommer folgen die Beeren und im Herbst Quitten, Äpfel, Birnen, Pflaumen und Trauben. Bis Oktober gibt es diese Obstsorten. Einige Obst- und Gemüsesorten lassen sich gut lagern. Gerade heimische Äpfel gibt es als Lagerware bis zum nächsten Sommer zu kaufen.

Unser Radikal Regional Saisonkalender zeigt heimisches Obst, Gemüse sowie Salat und wann die Produkte frisch oder aus dem Lager erhältlich sind.

Symbolerklärung:

F Frisch aus heimischem Anbau (Freilandprodukte, unbeheiztes Gewächshaus oder »geschützter Anbau« (Abdeckung mit Folie oder Flies, unbeheizt))

L Lagerware aus heimischem Anbau

Die Tabellen beinhalten keine Ware aus beheizten Gewächshäusern.

HEIMISCHES OBST

Obst / Monat	Jan.	Feb.	Mrz.	April	Mai	Juni	Juli	Aug.	Sep.	Okt.	Nov.	Dez.
Äpfel	L	L	L	L	L			F	F	F	L	L
Aprikosen							F	F				
Birnen	L							F	F	F	L	L
Blaubeeren / Heidelbeeren							F	F	F			
Brombeeren							F	F	F	F		
Erdbeeren						F	F	F	F			
Himbeeren						F	F	F				
Holunderbeeren								F	F	F		
Johannisbeeren						F	F	F				
Kirschen						F	F	F				
Mirabellen							F	F	F			
Pfirsiche							F	F				
Pflaumen / Zwetschgen							F	F	F	F		
Quitten									F	F	F	
Rhabarber (Gemüse)				F	F	F	F					
Stachelbeeren							F	F	F			
Weintrauben								F	F	F		

HEIMISCHES GEMÜSE

Gemüse / Monat	Jan.	Feb.	Mrz.	April	Mai	Juni	Juli	Aug.	Sep.	Okt.	Nov.	Dez.
Blumenkohl				F	F	F	F	F	F	F	F	
Bohnen							F	F	F	F		
Brokkoli					F	F	F	F	F	F		
Erbsen						F	F	F	F	F		
Fenchel						F	F	F	F	F	F	
Grünkohl	F	L									F	F
Gurken					F	F	F	F	F	F		
Kartoffeln	L	L	L	L	L	F	F	F	F	F	F	L
Kohlrabi					F	F	F	F	F	F	F	
Kürbis	L	L	L						F	F	F	L
Lauch / Porree	F	F	F	F	F	F	F	F	F	F	F	F
Lauchzwiebeln				F	F	F	F	F	F	F	F	
Mais								F	F	F		
Mangold						F	F	F	F	F		
Möhren / Karotten	L	L	L	L	L	F	F	F	F	F	F	L
Pastinaken	L	L	L	L					F	F	F	L
Radieschen				F	F	F	F	F	F	F	F	
Rettich	L	L	L	L	F	F	F	F	F	F	F	L
Rosenkohl	F	F	L							F	F	F
Rote Beete	L	L	L	L	L	F	F	F	F	F	F	L
Rotkohl	L	L	L	L	L	L	F	F	F	F	F	L
Schwarzwurzel	L	L	L						F	F	F	L
Sellerie (Knollen)	L	L	L	L	L	L	F	F	F	F	F	L

Gemüse / Monat	Jan.	Feb.	Mrz.	April	Mai	Juni	Juli	Aug.	Sep.	Okt.	Nov.	Dez.
Sellerie (Stauden)					F	F	F	F	F	F	F	
Spargel				F	F	F						
Spinat				F	F	F	F	F	F	F	F	
Spitzkohl	L	L				F	F	F	F	F	F	L
Steckrüben / Kohlrüben	L	L	L					F	F	F	F	L
Tomaten						F	F	F	F	F		
Topinambur	F	F	F							F	F	F
Weißkohl	L	L	L	L	L	F	F	F	F	F	F	L
Wirsingkohl	L	L	L	L	F	F	F	F	F	F	F	L
Zucchini						F	F	F	F	F		
Zwiebeln	L	L	L	L	F	F	F	F	F	F	L	L

SALAT

Salat / Monat	Jan.	Feb.	Mrz.	April	Mai	Juni	Juli	Aug.	Sep.	Okt.	Nov.	Dez.
Batavia					F	F	F	F	F			
Chicorée	F	F	F	F						F	F	F
Eichblattsalat					F	F	F	F	F	F		
Eisbergsalat						F	F	F	F	F		
Endiviensalat					F	F	F	F	F	F		
Feldsalat	F	F	F	F	F	F	F	F	F	F	F	F
Kopfsalat				F	F	F	F	F	F	F	F	
Lollo Rosso					F	F	F	F	F	F		
Radiccio						F	F	F	F	F	F	
Rucola (Rauke)					F	F	F	F	F	F		

REGISTER

Vorspeisen

Babyspinat-Bärlauch-Salat mit Champignon-Muffin: S. 55
Blumenkohlsalat mit gegrilltem Gemüse-Tofu-Spieß: S. 83
Brezenknödel mit Salat: S. 141
Hauptstadtbarsch auf Schmorgurke: S. 99
Herbstsalat mit Roter Bete: S. 127
Kerbelsuppe mit Radieschen und Croûtons: S. 69
Kohvioli mit Pesto: S. 41
Kürbiscremesuppe mit Hackbällchen: S. 113
Kürbissuppe mit Fischfilet und Kräutern: S. 155
Mangoldpäckchen mit Kürbismousse: S. 169
Rote-Bete-Suppe: S. 11
Winterliches Klares Süppchen: S. 24

Hauptspeisen

Flammkuchen mit Maronen, Quitten und Ziegenkäse: S. 156
Gebackener Karpfen: S. 12
Gebratener Havel-Zander: S. 56
Gefüllte Zucchinischiffchen: S. 114
Hirschgulasch im Römertopf: S. 142
Hühnerfrikassee: S. 128
Kaninchenfilet mit Erbsenmousse: S. 100
Kartoffelpuffer-Waffeln: S. 70
Lammcarré mit Kräuterkruste: S. 42
Märkischer Tafelspitz: S. 26
Rehrücken mit Kartoffelgratin: S. 170
Roastbeef vom Wasserbüffel: S. 84

Desserts

Beeren-Eis mit Käsekuchencreme und Butterbröseln: S. 103
Berliner Aprikosen-Tarte-Tatin: S. 87
Berliner Luft mit Himbeersauce: S. 15
Birnen-Kokos-Kuchen: S. 117
Crèpes mit Apfelkompott und Holunderblütenschaum: S. 29
Kaffee-Flammeri: S. 59
Klemmkuchen: S. 145
Mascarpone-Zimt-Creme mit Zwetschgen: S. 131
Quitten-Haselnuss-Törtchen mit Quitten-Sanddorn-Eis: S. 159
Rhabarber mit Knusperkruste: S. 45
Sorbet vom gebackenen Boskop: S. 173

Getränke

Shrub, Kombucha & Co.: S. 72

Profi-Rezepte

Blutwurst-Schoko-Bällchen: S. 46
Doppelter Raviolo: S. 146
Erdbeer-Bohnen-Salat: S. 90
Gebackene Eisbeinpraline: S. 32
Geräucherter Fisch mit Apfelwein-Meerrettich-Sauce: S. 160
Geschmorter Römersalat: S. 62
Hecht/Salbei: S. 132
Karotten und Kaffee: S. 74
Nusszopf Hallmann und Klee: S. 174
Original Berliner Buletten: S. 106
Rinder-Rippchen: S. 118

Alle Rezepte

Babyspinat-Bärlauch-Salat mit Champignon-Muffin: S. 55
Beeren-Eis mit Käsekuchencreme und Butterbröseln: S. 103
Berliner Aprikosen-Tarte-Tatin: S. 87
Berliner Luft mit Himbeersauce: S. 15
Birnen-Kokos-Kuchen: S. 117
Blumenkohlsalat mit gegrilltem Gemüse-Tofu-Spieß: S. 83
Blutwurst-Schoko-Bällchen: S. 46
Brezenknödel mit Salat: S. 141
Crèpes mit Apfelkompott und Holunderblütenschaum: S. 29
Doppelter Raviolo: S. 146
Erdbeer-Bohnen-Salat: S. 90
Flammkuchen mit Maronen, Quitten und Ziegenkäse: S. 156
Gebackene Eisbeinpraline: S. 32
Gebackener Karpfen: S. 12
Gebratener Havel-Zander: S. 56
Gefüllte Zucchinischiffchen: S. 114
Geräucherter Fisch mit Apfelwein-Meerrettich-Sauce: S. 160
Geschmorter Römersalat: S. 62
Hauptstadtbarsch auf Schmorgurke: S. 99
Hecht/Salbei: S. 132
Herbstsalat mit Roter Bete: S. 127
Hirschgulasch im Römertopf: S. 142
Hühnerfrikassee: S. 128
Kaffee-Flammeri: S. 59
Kaninchenfilet mit Erbsenmousse: S. 100
Karotten und Kaffee: S. 74
Kartoffelpuffer-Waffeln: S. 70
Kerbelsuppe mit Radieschen und Croûtons: S. 69
Klemmkuchen: S. 145
Kohvioli mit Pesto: S. 41
Kürbiscremesuppe mit Hackbällchen: S. 113
Kürbissuppe mit Fischfilet und Kräutern: S. 155
Lammcarré mit Kräuterkruste: S. 42
Mangoldpäckchen mit Kürbismousse: S. 169
Märkischer Tafelspitz: S. 26
Mascarpone-Zimt-Creme mit Zwetschgen: S. 131
Nusszopf Hallmann und Klee: S. 174
Original Berliner Buletten: S. 106
Quitten-Haselnuss-Törtchen mit Quitten-Sanddorn-Eis: S. 159
Rehrücken mit Kartoffelgratin: S. 170
Rhabarber mit Knusperkruste: S. 45
Rinder-Rippchen: S. 118
Roastbeef vom Wasserbüffel: S. 84
Rote-Bete-Suppe: S. 11
Shrub, Kombucha & Co.: S. 72
Sorbet vom gebackenen Boskop: S. 173
Winterliches Klares Süppchen: S. 24

Gut zu wissen

Anders einkaufen: Auf direktem Weg zum regionalen Produkt: S. 95
Blattwerk: Das gesunde Grün: S. 79
Das große Krabbeln: Mit Nützlingen Schädling bekämpfen: S. 65
Der Saisonkalender für regionales Obst und Gemüse: S. 180
Ein Kraut für alle Fälle: S. 51
Ernährung der Zukunft: Landwirtschaft in der Stadt: S. 21
Fermentation: Gemüse haltbar machen: S. 137
Keimzelle: Auf das Saatgut kommt es an: S. 37
Obstbaumschnitt: S. 151
Pflanzen wässern: Die besten Tipps für nasse und trockene Sommer: S. 109
Vorgestellt: Biobauernhöfe in Brandenburg
Wissenswertes über Wildfleisch – und eine passende Marinade von Kolja Kleeberg: S. 123

Restaurants

Alte Überfahrt, Werder (Havel): S. 147
Blackbeards, Berlin: S. 119
Buchholz Gutshof Britz, Berlin: S. 31
Data Kitchen, Berlin: S. 61
einsunternull, Berlin: S. 19
Good Bank, Berlin: S. 75
Gutshof Kraatz, Nordwestuckermark/ OT Kraatz: S. 161
Hallmann & Klee, Berlin: S. 175
Kantine Kohlmann, Berlin: S. 47
Nobelhart & Schmutzig, Berlin: S. 133
Pannek seine Budike, Berlin: S. 107
Wild & Root, Berlin: S. 89

Regionale Produzenten

Bäuerlicher Familienbetrieb Barth/Remus, Werder (Havel): S. 149
Blomeyers Käse, Berlin: S. 177
Blutwurstmanufaktur, Berlin: S. 49
Der Blumenstand, Berlin: S. 93
Glut & Späne, Gerswalde: S. 163
Hakenberger Fleisch GmbH, Hakenberg: S. 35
Infarm, Berlin: S. 77
Lieblingsrind, Triglitz: S. 121
Mühle Steinmeyer, Luckenwalde: S. 16
Naturally Good, Groß Kreutz: S. 64
Schillerbackstube, Berlin: S. 104
Weingut Klosterhof Töplitz, Werder (Havel) OT Töplitz: S. 135

DIE KÖCHE

mit ihren Rezepten aus dem zibb Kochclub im Überblick

Januar

Gabriele Teistler, Rote-Bete-Suppe • Frank Teistler, Gebackener Karpfen • Saskia Sanchez, Berliner Luft mit Himbeersauce

Februar

Fred Ball, Winterliches klares Süppchen • Heinz Günther Müller, Märkischer Tafelspitz • Andreas Opitz, Crèpes mit Apfelkompott und Holunderblütenschaum

März

Sonja Guse, Kohvioli mit Pesto • Kristina Pfundt, Lammcarré mit Kräuterkruste • Renate Haustein, Rhabarber mit Knusperkruste

April

Elena Teischel, Babyspinat-Bärlauch-Salat mit Champignon-Muffin • Norbert Zobbot, Gebratener Havel-Zander • Frauke Fischer, Kaffee-Flammeri

Mai

Tina Hüttl, Kerbelsuppe mit Radieschen und Croûtons • Claudia Hirschberger, Kartoffelpuffer-Waffel • Nicole Klauß, Shrub, Kombucha & Co.

Juni

Alexander Flohr, Blumenkohlsalat mit gegrilltem Gemüse-Tofu-Spieß • Katrine Lihn, Roastbeef vom Wasserbüffel • Dorothea Hauser, Aprikosen-Tarte-Tatin

Juli

Alle Rezepte von Anna Peinze und Marko Dietrich

August

Carola Eberhardt, Kürbiscremesuppe mit Hackbällchen • Kerstin Eberhardt, Gefüllte Zucchinischiffchen • Carola Janning, Birnen-Kokos-Kuchen

September

Michael Weckwerth, Herbstsalat mit Roter Bete • Brigitte Rößler, Hühnerfrikassee nach Emma Rößler • Hannelore Strößner-Hagen, Mascarpone-Zimt-Creme mit Zwetschgen

Oktober

Werner Meier, Brezenknödel mit Salat • Elke Meier, Hirschgulasch im Römertopf • Marlies Koppehele, Klemmkuchen

November

Michaela Leidreiter, Kürbissuppe mit Fischfilet und Kräutern • Miriam Leidreiter, Flammkuchen mit Maronen, Quitten und Ziegenkäse • Petra Rimkus, Quitten-Haselnuss-Törtchen mit Quitten-Sanddorn-Eis

Dezember

Alle Rezepte von Petra Rimkus

BILDNACHWEIS

Mosaikseiten

S. 8: einsunternull/Till Schuster; Gerald Bornschein/Mühle Steinmeyer; S. 22: HaFleG – Hakenberger Fleisch GmbH; S. 38: Peter Margis/Kantine Kohlmann; Mara Klein/Blutwurstmanufaktur; S. 50: Stefan Lucks/Data Kitchen; sebastien/Fotolia; S. 66: Merav Maroody/Infarm; Robert Rieger/Infarm; S. 80: Carina Adam/Wild&Root; S. 96: Schiller-Backstube; S. 110: Blackbeards; S. 138: Alte Überfahrt, schulzie/Fotolia; S. 152: Nicole Glur/Glut & Späne; Djamila Grossman/Glut & Späne; Gut Schmerwitz, Gutshof Kraatz, Weingut Klosterhof Töplitz; S. 166: angelinaelv/Pixabay, Fritz Lloyd Blomeyer, Daria-Yakovleva/Pixabay, Antonios Mitsopoulos/Hallmann & Klee, yukafujii/PIxabay, Zichrini/Pixabay

Abtmeyer, Stefan: S. 30, 31, 33
Adam, Carina: S. 88, 89
Alte Überfahrt: S. 146, 147
Bamdewanto/Freepik: S. 87, 90, 117, 173
Blackbeards: S. 117, 118
Blomeyer, Fritz Lloyd: S. 176, 177
Bornschein, Gerald: S. 16, 17
brenkee/Pixabay: S. 136
chaiyon021/Fotolia.com: S. 36
Data Kitchen: S. 63
DoraZett/fotolia.com: S. 78
einsunternull: S. 18
Floydine/fotolia.com: S. 50
Freepik: S. 141, 159, 174
freiekirchengemeinde/Pixabay: S. 94
Glur, Nicole: S. 162
Good Bank: S. 74, 75
Grossman, Djamila: S. 163
Gut Schmerwitz: S. 164 (vier Bilder unten)
Gutshof Kraatz: S. 160, 161
HaFleG – Hakenberger Fleisch GmbH: S. 34, 35
kaboompics/ Pixabay: S. 108
Kapa65/Pixabay: S. 92
Klein, Mara: S. 48, 49
Lose, Lena: S. 164 (vier Bilder oben)
Lucks, Stefan: S. 60, 61
Margis, Peter: S. 46
Marko Seifert: S. 133
Meyer-Renschhausen, Elisabeth: S. 20
Mitsopoulos, Antonios: S. 174, 175
Nobelhart & Schmutzig: S. 132
Oren, Assaf: S. 76
Pannek, Thorsten: S. 106
Riegert, Robert: S. 77
Schacht, Henning: S. 133
Schiller-Backstube: S. 104, 105
schulzie/Fotolia: S. 150
veraholera/Freepik: S. 41
Weingut Klosterhof Töplitz: S. 134, 135

Kochclub-Fotos

Thomas Ernst und Oliver Ziebe

Alle übrigen Fotos stammen von Antje Pfeiffer und Birgit Wolske.

DANK

Wir danken allen zibb Zuschauern und Hobbyköchen, die uns ihre Lieblingsrezepte verraten haben und mit Begeisterung im Kochclub vorgekocht haben. Dank auch an alle Restaurants und Produzenten, die uns gezeigt haben, mit wie viel Engagement sie gutes Essen zubereiten und gesunde Lebensmittel in Berlin und Brandenburg herstellen.

DIE AUTORINNEN

Birgit Wolske,
geboren 1969 in Hessen, studierte Publizistik und Kommunikationswissenschaften, Romanistik und Germanistik in Münster und arbeitete zunächst als freie Autorin beim Westdeutschen Rundfunk. Von 1998 bis 2000 absolvierte sie beim Sender Freies Berlin ein Rundfunkvolontariat. Seitdem arbeitet sie als freie Fernsehjournalistin für den Rundfunk Berlin Brandenburg u. a. für das Kulturmagazin Stilbruch sowie das Vorabendmagazin zibb und ist Autorin zahlreicher Fernseh-Reportagen und zeitgeschichtlicher Dokumentationen.

Antje Pfeiffer,
geboren 1976 im damaligen Ost-Berlin. Nach dem Abitur folgte ein kurzer Ausflug ins Bankenwesen, das sie für ein Studium der Europäischen Medienwissenschaft schnell wieder hinter sich ließ. Antje Pfeiffer arbeitete bereits während des Studiums für verschiedene Redaktionen des ORB und RBB. Nach dem Master-Abschluss blieb sie als freie Mitarbeiterin beim rbb-Fernsehen tätig und arbeitet seither für unterschiedliche Sendungen als Autorin, Live-Redakteurin und CvD.

DER HERAUSGEBER

Jens Riehle,
geboren 1965 in Berlin, studierte Journalistik und Politikwissenschaft in Leipzig und Berlin. Von 1990 bis 1999 war er freier Autor und Filmemacher sowie Redakteur verschiedener Talk- und Ratgeberformate, danach leitete er die Redaktion des ORB-Abendjournals. Seit 2003 ist er Redaktionsleiter des Fernsehmagazins zibb.

BRANDENBURG GENIESSEN UND ERLEBEN

Walter Karberg, Caty Schernus

Das Apfelbuch Berlin-Brandenburg

Alte Sorten wiederentdeckt
Mit Rezepten und Geschichten

120 Seiten, 79 Abb., geb., 16,95 €
ISBN 978-3-86124-676-3

Alte regionale Apfelsorten erfreuen sich zunehmend großer Beliebtheit. Das »Apfelbuch Berlin-Brandenburg« trägt Geschichten und vergessenes Wissen um 40 Apfelsorten und ihre Züchter zusammen, erzählt Anekdoten und erläutert Hintergründe. Die Äpfel sind von Walter Karberg in Originalgröße illustriert und 30 eigens kreierte Apfel-Rezepte von Hendrik Madeja vereinen traditionelle brandenburgische Küche mit der kulinarischen Experimentierfreude Berlins. Eine Liebeserklärung an den Apfel!

Bärbel Wichmann

Leckeres Brandenburg

Der kulinarische Ausflugsführer
Die besten Empfehlungen von Brandenburg aktuell

160 Seiten, 163 Abb.,
Paperback, 3 Karten, 16,– €
ISBN 978-3-86124-681-7

Ob regionale Küche oder internationale Spitzengastronomie – Brandenburg hat in kulinarischer Hinsicht viel zu bieten. Das Team von BRANDENBURG AKTUELL besuchte über drei Jahre regelmäßig besonders empfehlenswerte Gasthäuser, um hinter die Kulissen und in die Töpfe zu schauen. In diesem Buch werden die besten Empfehlungen vorgestellt: Reich bebildert und mit interessanten Details zur Geschichte der Häuser und zu den Besonderheiten ihrer Küche, macht das Buch Lust auf kulinarische Expeditionen.

Rolf Schneider

20 x Brandenburg

Menschen, Orte, Geschichten

200 Seiten, 180 Abb.,
geb., 19,95 €
ISBN 978-3-86124-645-9

Zum 20. Geburtstag ihres Landes schenkt der rbb den Brandenburgern eine einzigartige 20-teilige Fernsehdokumentation. Im gleichnamigen Begleitbuch unternimmt der bekannte Schriftsteller Rolf Schneider in 20 Essays eine literarische Reise durch diesen faszinierenden Landstrich. Dabei begegnen ihm ganz unterschiedliche Menschen und Landschaften: Vom alten Derfflinger bis Gottfried Benn, von Walther Rathenau bis Hedwig Bollhagen, von der Schorfheide bis zu den Seelower Höhen, vom Schwedter Industriekombinat bis zum idyllischen Schloss Rheinsberg.

Johannes Unger (Hg.)

Ein Sommer in Brandenburg

Ein Roadmovie zum Blättern

200 Seiten, 120 Abb.,
broschiert, 14,– €
ISBN 978-3-86124-688-6

Einen Sommer lang war ein Team des rbb-Fernsehen im Land Brandenburg unterwegs. Dieses Buch erzählt in Wort und Bild von den Erfahrungen und Begegnungen, die sie an 40 ganz unterschiedlichen Zielen gemacht haben: etwa in einem buddhistischen Kloster im Havelland, einer Klima-Forschungsstation im Stechlin-See, auf dem Ex-Militärflughafen Groß Dölln, im Spreewald, der sich wacker gegen die Touristenströme behauptet, und im kleinen, aber feinen Weinanbaugebiet in Schlieben. Das Ergebnis ist ein Reiseführer, der Lust macht, selbst aufzubrechen und einen Sommer in Brandenburg zu erleben.

edition q im
be.bra verlag

www.bebraverlag.de